公三 閔丙台 선생의

정치학

公三 閔丙台 선생의 정치학

이정복 편

인간사랑

공삼 민병태 교수(1913-1977)

공삼 민병태 교수 연보

1913. 2. 30(양 4. 2)	충남 부여군 부여면 중정리 474번지에서 驪興閔氏 가문의 少山中植선생과 潭陽 田氏의 차남으로 출생
1929. 2.	경성 제일고등보통학교에 입학
1933. 2.	경성 제일고등보통학교 4학년에서 일본 게이오대학 정치학과 예과 1학년에 입학
1936. 2.	同校 예과 (3년) 졸업
1939. 2.	同校 본과 (3년) 졸업
1942. 2.	同校 대학원 수료
1942. 4. – 1943. 10.	同校 법학부 연구실 연구원
1943. 10. – 1945. 8.	同校 아세아연구소 연구원(조교수 대우)
1945. 10. – 1950. 11.	연세대학교 교수(정외과 과장)
1949. 9. – 1952. 10.	동국대학교 교수
1951. 9. – 1952. 1.	대구대학 교수
1952. 4. – 1952. 10.	동국대학교 법정대학장
1952. 10. – 1976. 2.	서울대학교 문리과대학 정치학과 교수
1956. 6. – 1958. 3.	서울대학교 문리과대학 문학부장
1960. 2. – 1970. 11.	한국정치학회 회장
1962. 8. 30.	서울대학교 문학박사 학위

1966. 11. – 1970. 3.	서울대학교 문리과대학 학장
1970. 3. – 1971. 2.	서울대학교 대학원 원장
1970. 12. 5.	국민훈장 동백장 수령(279호)
1977. 10. 13(음력).	別世

공삼 민병태 교수 저작목록

■ **저서**

1958.『정치학』, 보문각.

1962.『정치학요강』, 삼중당.

1963.『현대정치학의 방법론적 고찰』, 일조각.

■ **역서**

1941. 훼브르,『亞細亞大陸橫斷記』, 大和書店.

1944. E. H. 파커,『韃靼一千年史』, 大和書店.

1954. H. J. 라스키,『정치학 강요(상)』, 문연사.

1957. H. J. 라스키,『정치학 강요(하)』, 민중서관.

1954. H. J. 라스키,『국가론 : 이론과 실제』, 백영사.

1955. W. I. 제닝스,『영국헌정사』, 민중서관.

1957. R. M. 마키버,『근대국가론』, 민중서관.

1963. G. H. 세바인,『정치사상사(전)』, 을유문화사.

1963. G. H. 세바인,『정치사상사(후)』, 을유문화사.

1969. H. J. 라스키,『정치학강요(상 · 하) 개정판』, 민중서관.

■ 논문

1938. "米國に於ける 政治學の 獨立に 關する 一資料,"『法學硏究』.

1953. "민주대표론,"『수도평론』1.

1955. "영국 정치사상의 현실성,"『사상계』9월호.

1956. "참의원의 의의와 민주화에 관하여－선거운용의 재검토,"『법정』11 · 12.

1957. "정치학의 기본문제,"『특집문리대학보』5(2), 서울대학교.

1958. "정치학과 제학문과의 관련,"『정치학보』3, 서울대학교.

1958. "정치적 자유,"『사상계』11월호.

1959. "압력단체와 민주주의,"『사상계』8월호.

1960. "내각책임제의 기본조건,"『사상계』9월호.

1963. "우선회냐 좌선회냐?－맑시즘과 결별한 60년대 사회주의 제정당,"『사상계』9월호.

1965. "과학주의에 대결하는 전통,"『신동아』1월호.

1970. "한국전쟁의 현대사적 의의,"『신동아』6월호.

머리말

공삼 민병태 선생이 돌아가신 지 30년이 되었다. 공삼 선생의 10주기(週忌)와 20주기 때에는 선생의 제자들이 각기 전공분야의 논문을 『한국정치연구』 창간호(1987)와 제7호(1997)에 기고하여 추모특집을 만들었다. 이번에는 10주기, 20주기 때와는 달리 제자들이 공삼 선생의 연구업적을 직접 소개하고 검토하는 학술대회를 개최하고 그 결과를 단행본으로 내놓게 되었다. 이번에 그 전과는 달리 공삼 선생의 정치학을 바로 논하게 된 데에는 세 가지 이유가 있다.

첫째는, 공삼 선생이 어떠한 정치학을 서울대 정치학과에서 가르치셨는가를 기록으로 남기기 위해서이다. 오늘날의 한국 정치학은 공삼 선생께서 가르치신 정치학에 기반해 있는 만큼 그 기반이 어떠한 것인가를 그의 저작과 강의내용을 통해 살펴보는 것이 이번 추모 학술대회의 개최 목표였다.

둘째는, 공삼 선생의 제자들이 타계를 한다든가 대학을 은퇴하기 전에 이와 같은 작업을 해두기 위해서이다. 공삼 선생으로부터 직접 가르침을 받은 제자들이 그의 학문을 논하는 것은 일방적으로 편향될 수 있다는 위험성도 있지만, 그의 가르침을 생생하게 정확하게 전할 수 있다는 강점도 가지고 있다. 이번 공삼 추모 학술대회는 이러한 강점을 고려해서 개최한 학술대회이다.

셋째는, 우리들이 학생 때에 배운 정치학이 구미의 정치학에 비해 뒤떨어진 것이었다고 해도 그것이 매우 소중하다는 것을 인식하는 전통을 세우기 위해서이다. 한국의 정치학자들이 구미의 수준을 따라가는 비약적인 발전을 오늘날 이룩했다고 해서 과거를 소홀하게 보아서는 안 된다는 것을 암시하는 것도 이번 학술대회의 목표였다.

이번 학술대회의 결과물을 싣고 있는 본서에는 공삼 선생의 가장 가까운 1세대 제자이신 구범모 선생과 배성동 선생, 그리고 공삼 선생뿐만 아니라 이 두 선생에게서도 배운 김홍우, 필자, 김세균이 각각 기고하였다. 모두 전현직 서울대 정치학과 교수들이다. 서울대 정치학과의 전통을 그 과의 교수들이 재구성해 본다는 의미에서 본과의 전현직 교수들이 공삼 선생의 정치학을 소개하는 책무를 맡게 되었다.

이번 학술대회에서 본과의 전임 교수셨던 이홍구 전 국무총리와 김학준 동아일보 사장이 추모사를 해주셨고, 이동희, 이택휘, 길승흠, 정문길, 황수익, 양승태, 이종은, 박찬욱 동문님들도 공삼 선생의 저작과 강의에 대해서 좋은 말씀을 해주셨다. 앞의 두 분의 추모사와 뒤의 일곱 분의 말씀을 기록해서 이 책에 출판하지 못해 아쉬움이 크다.

이번 추모 학술대회에는 공삼 선생의 유가족들도 참석하셨다. 사모님 김희경 여사, 정옥 · 성옥 · 영기 · 금기의 네 자매, 그리고 공삼 선생의 일가이신 민준기 선생이 이 대회의 발표와 토론을 경청하셨다. 사모님께서는 이미 오래 전부터 서울대 정치학과의 발전을 위해 재정적 지원을 하고 계신다. 뭐라고 감사의 말씀을 드려야 좋을지 모르겠다.

이번 학술대회 개최와 그 결과물의 단행본 출판에는 서울대 정치학과 학과장이고 한국정치연구소 소장인 박찬욱 교수가 총책임을 맡아 수고를 하였다. 역시 뭐라 감사해야 좋을지 모르겠다.

공삼 민병태 선생님의 명복을 다시 빌면서 이 책에 대한 소개의 글을 마친다.

2008년 2월 15일

이정복

Contents

목　차

1

공삼 민병태 선생의 생애와 연구업적

공삼 민병태 교수의 생애와 경응(慶應) 학풍

그 학풍의 시대적 배경을 중심으로

구범모(한국학중앙연구원 명예교수)

공삼(公三) 민병태 교수님이 서거하신 지 어언 30년이란 세월이 흘렀다. 공삼(公三) 선생이 생존했을 때나 서거한 후 오늘에 이르기까지 한결같이 한국 정치에는 바람 잘 날이 없었고, 늘 불안과 혼란, 격동만이 용솟음쳤다. 시대가 바뀔 때마다 중심가치가 바뀌었고 지도자가 바뀔 때마다 외치는 구호와 주장이 달라져 무엇이 이 나라가 지녀야 할 중심가치이고 무엇이 이 나라가 지향해야 될 이념형인가를 혼돈케 했다. 정치학계도 마찬가지로 일정한 시차를 두고 구미의 이론과 학풍을 소개할 뿐 아직도 구미 정치학의 기반 위에 한국 정치학을 정착시키지 못하고 있다.

이러한 한국 정치와 정치학의 황무지에 공삼(公三) 민병태 선생은 이미 60년 전에 자유주의, 민주주의, 페비안 사회주의라는 사상적 씨앗을 심고 가꾸었다. 그의 사상과 학문은 그의 동경 유학시절에 잉

태되고 성숙되었다. 그 시기는 그가 일본 게이오 대학(慶應大學) 예과에 입학했던 1933년 2월부터 제2차 세계대전에서 일본이 패망한 1945년 8월까지 12년 6개월 동안이었고, 게이오 대학에서의 마지막 직책은 동대학 아세아연구소 조교수급 연구원이었다.

본고에서는 먼저 공삼(公三) 민병태 교수의 생애와 활동을 일별하고, 두 번째 민 교수의 정치사상의 토양이 된 경응(KEIO)의 학풍을 낳게 한 일본 명치유신(明治維新) 전후의 시대사적 배경을 살핀 다음, 끝으로 경응(KEIO) 학풍과 정신 그 자체를 후꾸사와 유기찌(福澤諭吉)를 중심으로 논해보기로 한다.

1. 공삼 민병태 교수의 생애와 활동

공삼(公三) 민병태 교수는 1913년 백제의 정기가 어린 유서깊은 백마강(지금의 금강)을 사이에 두고 부여와 마주보고 있는 충남 강경에서 태어났다. 강경이란 곳은 행정구역상으로는 예나 지금이나 충남 논산군에 속해 있는 한 읍(邑)에 불과하나 옛 일제 때엔 육로교통이 발달하지 않아 군산과 장항만으로 빠지는 중요한 수로(水路)로서 그 지방에 생필품과 어물을 운송하는 중요한 포구도시로서 활기찬 모습을 보였던 곳이다.

민 교수는 여흥 민(閔)씨 명문의 후예로서 기골이 장대하고 평시 풍기는 체취가 이미 범속(凡俗)을 초월한 철인(哲人)의 느낌을 엿보이게 했다. 그 느낌대로 민 교수는 당시 경성제일고보(京城第一高普, 경기고)를 거쳐 1933년 만 20세일 때 일본 게이오 대학에 입학하여 순조로운 수학의 길을 밟았다. 그 게이오 대학에서 1945년 제2차 세계대전에서 일본이 패할 때까지 신학문인 구미 정치학을 공부했다. 학부, 대학원 연구원을 거치면서 서양 정치사상을 전공하여 대학자(大學者)로서의 단단한 기초를 닦았다.

1945년 종전의 덕분으로 일제의 족쇄에서 해방은 되었지만 한국은 좌 · 우 간의 정치적 · 사상적 대립 · 투쟁으로 대단히 혼란한 해방정국 3년(1945-1948년)을 맞지 않을 수 없었다. 한국 정부가 수립되지 채 2년도 못 되어 1950년 북한의 남침으로 6 · 25사변이란 전쟁을 3년 동안 겪고, 그로 인해 다 망가진 국토를 회복하는 데에 1950년대란 긴 세월을 보냈다. 그와 같이 우리 현대사는 구비마다 기쁨과 평화보다는 아픔과 혼란이 더 많았고, 아직도 그 터널을 헤매고 있는지도 모른다.

외면적으로는 자유민주주의가 정부수립과 6 · 25사변을 겪은 후 금방 정통한 정치이념으로 확립된 듯했지만 실제로 내면화의 길은 험난했다. 공삼(公三) 민 교수는 이미 지금부터 70여 년 전에 눈을 떠 그 자유민주주의의 이념과 사상을 공부하였으니 이 어찌 선각자의 예지라 경탄하지 않을 수 있겠는가.

이러한 그의 천부적 자질과 학문적 연마가 후일 한국 정치학계의 거목으로 평가되고 존경받는 밑거름이 되었다. 해방 후 국내 정치학계는 제대로 훈련된 정치학자가 거의 없는 불모지였는데, 그나마 있었다면 극소수의 일본 제국대학(帝國大學) 출신들과 와세다 대학과 게이오 대학 등 일부 사학(私學) 출신들인데, 전자는 독일과 오지리

(墺地利, 오스트리아)계의 국가학 또는 국법학의 테두리 속에서 정치학을 공부한 사람들이고, 후자는 구미 정치학을 좀더 공부할 수 있었던 분들이다. 전자는 국내 대학의 교수로 부임한 후에 처음에는 겸직으로 관계(官界)에 있다가 나중에는 정관계(政官界)로 아주 떠난 분들이 많았고, 후자는 언론계 등과 겹치면서 대학교수로 재직했던 범주에 속한다. 공삼(公三) 민 교수는 대학 밖으로 외도한 적은 전혀 없고 연대, 경희대, 동국대 등에 겸직하면서 1953년 환도 후부터는 서울대에 전임으로 재직하셨다. 공삼(公三)은 수많은 준재들을 길러 학계와 언론, 정계 등 여러 분야의 기둥으로 키웠다. 그의 인품도 솔직, 후덕, 온화하여 주변에 사람들을 모이게도 했고 따르게도 했다. 그의 기개와 정열도 곧고 뜨거워 많은 사람들을 감동시켰다.

그러한 공삼(公三) 민 교수의 지도적 역량이 한국정치학회 회장이란 직책을 10년 동안이나 장기집권하도록 했다. 한국정치학회의 초창기에는 해방정국과 6 · 25사변 등의 혼란으로 1년에 한두 번 정치학자들이 모이기조차 어려웠으니 연구발표란 상상할 수도 없었다. 그 불모지를 개척, 공삼(公三) 선생의 지도력으로 정기적 연구발표회와 학회지를 발간하는 등 학회 본연의 모습을 갖추게도 했다. 뿐만 아니라 저서와 번역출판을 통해 정치학의 교재를 공급했고, 질이 높은 교양지와 시사지에의 기고를 통해 계몽활동도 했으며, 국난(國難)이 있을 때마다 국사(國師)로서의 중대한 조언도 아끼지 않았다.

그와 같이 공삼(公三) 민 교수는 학문, 사회, 정치에 걸친 여러 차원에서 이 땅에 자유민주주의를 심는 데에 평생 동안 심혈을 기울였던 거인이었다.

2. 일본 명치유신 전후

여기에서는 공삼(公三) 선생의 학문과 사상을 낳게 한 일본 명치유신(明治維新) 이후의 시대적 배경을 극히 개략적으로 살펴보고자 한다. 1868년 명치유신 전까지 일본은 명목상의 대통령격인 천황을 모시고 내각의 총리대신격이고 군정최고사령관격이기도 한 도꾸가와 장군(德川將軍)이 통치하는 덕천막부(德川幕府) 시대를 겪었다. 그 시대에는 도꾸가와(德川) 장군 밑에서 적었을 때는 200명에서 많았을 때는 600명에 이르는 다이묘(大名)들인 봉건영주들이 실제로 각 지방을 지배했다. 그 다이묘(大名)를 두 범주로 나눌 수 있는데, 한 범주는 도꾸가와(德川)의 직계부하 또는 자손들로서 늘 도꾸가와(德川)와 가까운 지방에 두면서 그 대신 땅은 적게 받은 다이묘들이고, 다른 범주는 덕천(德川)과 대등한 다이묘(大名) 입장에서 싸우다가 항복한 다이묘(大名)들로서, 이들에게는 구주(九州)의 가고시마(鹿兒島)같이 먼 곳에 머물게 하면서 그 대신 땅을 많이 나누어 주었다. 덕천(德川)은 늘 후자를 경계했다. 전자를 신빵 다이묘(親藩大名)라 부르고 후자를 도사마 다이묘(外樣大名)라 부른다. 그런데 도꾸가와(德川) 시대를 뒤엎고 메이지(明治) 신정부를 세운 것이 바로 후자인 도사마 다이묘(外樣大名)들이다. 그 중에서도 야마구찌(山口)현에 있는 죠슈항(長州藩)에서 기도 다카요시(木戶孝允)와 가고시마(鹿兒島)에 있는 사쓰마항(薩磨藩)의 사이고 다카모리(西鄕隆盛), 오쿠보 도시미치(大久保利道), 그들 3걸(三傑) 간에 중계역할을 한 사람이 시고꾸(四國)의 도사항(土佐藩) 출신의 사카모토 류마(坂本龍馬)이다.

그들이 명치 정부를 세운 후 선진국을 이념형으로 하되 일본 국체(國體)를 무엇으로 잡느냐를 살피기 위해 기도 다카요시(木戶孝允), 오쿠보 도시미치(大久保利通), 이토 히로부미(伊藤博文) 등 서유파(西遊派)는 주로 영국, 독일, 프랑스로 떠났고, 사이고 다카모리(西鄕隆盛) 등 재유파(在留派)는 나라를 지키기 위해 국내에 남았다. 서유파들은 일본 국체를 독일의 국가지상주의로 택하느냐 영국의 자유평등국가로 정하느냐를 놓고 고민하다가 결국 독일 바이마르 공화국 헌법을 택해 군국주의의 길로 가고 말았다. 다른 한편 정한론(征韓論)에 관해서는 서유파들은 아직 시기상조니 나라의 힘을 키운 다음 실행하자는 것이고, 재유파인 사이고 다카모리(西鄕隆盛)는 정한론이 시기상조라는 당초의 약속을 깨고 과도기의 격랑 속에 자생한 농민봉기의 확산과 항(藩)이 없어짐으로써 생긴 낭인(浪人)들의 양산(量産)에서 고조되는 사회적 불안이 탈구책(脫口策)으로 정한론의 실행이 시급하다고 어린 명치왕(明治王)을 달래서 정한론을 밀고 나갔다.

그러나 사이고 다카모리(西鄕隆盛)는 정한실행(征韓實行)이 시기상조임을 주장하는 서유파에 밀려서 가고시마로 낙향했고, 이에 격분한 가고시마의 젊은 청년들이 급기야 들고 일어나 중앙정부에 대항, 반란을 일으켰으니, 이것이 이른바 서남전쟁(西南戰爭)이다. 한때는 사이고군(西鄕軍)이 구마모토(熊本)까지 쳐들어가 구주(九州) 전체를 거의 지배한 적도 있었다.

서남(西南)전쟁은 그와 같이 정한론 때문에 일어났다. 처음에는 조선을 빨리 정복하자던 사이고 다카모리(西鄕隆盛)가 지고 국력을 키운 다음 정한을 하자던 서유파가 이겼지만, 정작 정한(征韓)의 성공은 유신 3걸(維新三傑)이 다 죽고 이등박문(伊藤博文)이 정권을 장악한 뒤에야 비로소 조선을 침략 · 병합함으로써 끝을 보았다.

국력부강(國力富强)과 사민평등(士民平等)을 기치로 삼고 출발한 명치 정부도 따지고 보면 전체를 위한 근대적 정부가 아니었고, 사쓰마(薩磨), 죠슈(長州)의 연합정권에 불과하였다. 그러나 명치(明治)시대가 가고 대정(大正)시대로 접어들면서 세계사적인 흐름을 타고 자유, 평등, 인권, 노사 등 여러 방면에서 다양한 목소리가 분출하여 아나키즘, 코뮤니즘 등의 위협이 짙어지자 드디어 군부가 반발하여 2 · 26사건을 일으키면서 끝내는 군국주의 국가로 치닫기에 이르렀다. 당시 어용학자로 국가지상주의를 만드는 데 중추 역할을 한 오카와 쥬메이(大川周明)는 전 국민을 천황의 적자로 만들고 천황을 신격화시켰다. 이러한 역사의 그늘에서 공삼(公三) 선생에게 직접 영향을 끼친 후꾸사와 유기찌(福澤諭吉)는 정한론이 일어났을 때 일본국부(日本國富)를 위해 불가피하다고 동조했으나, 다른 한편 김옥균 등 개화파를 돕기도 했다. 적극적이지 않았다 하더라도 정한론에 동조했으니 일본 근대화를 위해서는 일등공신이나 한국에 대해서는 반드시 그렇지 않음을 지적해 둔다.

3. 후꾸사와 유기찌와 경응의숙(慶應義塾)의 학풍

공삼(公三) 민병태 교수에게 직접 감화를 주고 영향을 가장 많이 준 곳은 역시 후꾸사와 유기찌(福澤諭吉)와 그가 세운 게이오 대학(慶應大學)이다. 후꾸사와(福澤)는 막부시대의 해외 유학파로서 문명개화의 선각자요, 일본 근대화의 선각자이기도 했다. 지금도 일본 돈 만 엔짜리에 후꾸사와의 얼굴이 새겨져 있을 정도로 마치 우리나라의 안창호 선생같이 일본 사람들로부터 존경을 받고 있는 인물이다. 후꾸사와의 저서 『학문의 권장』의 서두에 "사람 위에 사람 없고 사람 밑에 사람 없다"란 말은 일본 막부시대의 신분사상을 타파하고 서구식 자유평등주의를 강조한 명언으로, 그것이 게이오 대학(慶應大學)의 정신이 되고 있다. 다시 말해 문명개화가 서구의 자유의식을 일깨워 주고 그것이 게이오 대학을 설립하게 되었다는 것이다. 다른 한편 후꾸사와는 나라에 힘이 있어야 된다는 국부지상주의, 일본주의를 강조한 나머지 뒷날 소화 군국주의나 정한론에 맥을 같이 하기도 하였다. 후꾸사와는 김옥균에게 대원군을 몰아내고 한국을 근대화시키라고 조정하고 가르치기도 했으나 청(淸)의 간섭으로 실패하고 말았다. 곧 일청(日淸), 일노(日露) 전쟁 발발로 한국도 무력으로 침탈당하고 말았다.

후꾸사와는 막부시대의 사절로서 몇 번씩 구미학습(歐美學習)에 실제로 나섰고, 몸으로 부딪히고 눈으로 보고 익혀 그것을 일본에 가지고 와서 학교교육과 매스컴을 통해 실천했다. 그때 매스컴이 메이로쿠(明六) 잡지와 시사신문(時事新聞) 등이었다. 메이로쿠사 잡지가 나오던 명치 6년은 대단히 혼란했던 시기였다. 첫째로 한 해에 농민 반란이 56건씩 일어나고 참가인원이 만 명이 넘는 등 일본이 아래로부터 동요되는 대혼란기였고, 둘째 그 당시 지배계급인 사무라이와 사족(士族)들도 막부가 붕괴하니 실업자가 되어 사회 전체가 위, 아래로 흔들리게 되었다. 따라서 명치유신의 지도자들은 상 · 하로부터의 내부 불만을 외부로 돌리려 했는데, 그것이 앞서도 언급한 바와 같이 정한론(征韓論)의 배경이다. 일본국의 선도자로서 정치인인 사이고 다카모리나 교육자인 후꾸사와가 똑같이 정한론자일 수밖에 없는 연유가 여기에 있다.

유길준이 일본과 미국을 다녀와 개화하자고 주장했듯이 후꾸사와도 사상가요 교육자로서 일본 근대화를 주장했는데, 그 주장의 핵심은 일본국의 독립자존과 일본의 경제실학(國富)에 있다. 그의 행적은 명치유신 전 막부 말기에 네덜란드 학습이 일본에서 유행되었는데, 이것을 배워서 동경으로 가져가 네덜란드를 배우자는 개인 학습소를 열었다. 더불어 영학연수(英學硏修)도 곁들였다. 자유사상의 앞장선 선진국문명을 퍼뜨리자는 것이었다.

1868년 막부가 쓰러지고 명치유신이 일어나던 명치 원년에 그 학습소 이름을 경응의숙(慶應義塾)이라 불렀다. 앞서도 지적한 바와 같이 1882년 일본의 유명한 시사신문을 발간하고 저서 『학문의 권장』, 『서양사정』(西洋事情), 『문명론개관』(文明論槪觀) 등을 내놓았다. 특히 서두에 "사람 위에 사람 없고 사람 밑에 사람 없다"란 말을 쓴 『학문의 권장』이란 책은 당시 판매부수 80만 부를 돌파함으로써 계몽의 대선풍을 일으켰다. 또 명치 6년에 결성된 지식인들의 결사이자 잡지

이름이기도 한 메이로쿠사(明六社)의 계몽적 역할도 지대했다. 메이로쿠사는 그 중심인물로 후꾸사와 유기찌, 니슈아마네(西周), 나까무라(中村正直) 등이 었으며, 그들은 격렬하게 자유주의를 부르짖었고, 심지어 문명국에 치우쳐 일본의 쇄국정책을 타파하려 노력하였다.

이러한 시대사적 · 문명사적 · 학문적 흐름이 교차하는 맥락 속에서 무엇이 가장 공삼(公三) 민병태 교수의 학문과 사상에 영향을 주었는가를 돌이켜 보면 역시 그 뿌리는 게이오(慶應) 정신 속에서 찾을 수밖에 없다. 그 뜻에서 공삼(公三) 민병태 선생 정치사상의 토양이 된 게이오(慶應)의 탄생과 그 시대적 배경을 살펴보았다.

공삼 민병태 선생의 연구업적

이정복(서울대학교 교수)

공삼 민병태 선생은 일생을 정치학 연구와 교육에 바친 학자이다. 공삼보다 연상이거나 동년배로 서울대 정치학과 교수로 재직했던 분들이 대부분 중도에 대학을 떠났으나 공삼 선생만은 병마로 쓰러질 때까지 대학에 남아 있던 학자이다. 공삼 선생이 대학을 떠나지 않았던 것은 그의 천성으로부터 나온 것이었다. 선생은 정치학자가 정계로 들어가는 것은 외도이고 학문에만 정진해야 된다는 신념을 특별히 가지고 있었다기보다는 정계와는 성격이 도무지 맞지 않는 분이었다.

필자는 학부와 대학원 재학시 공삼 선생의 강의를 모두 충실히 들었으나 현실정치에 대해서 말씀하시는 것을 들은 적이 전혀 없다. 공삼 선생의 강의는 정치학과에 들어왔으니까 여러 정치이론가들에 대해 알아야만 한다는 지적 호기심에서 들은 것이지, 현실정치를 이해하고 개선하는 데 도움을 줄 것이라는 기대에서 들은 것은 아니다. 강의내용이 우리의 정치현실과 직접적인 관계가 없는 것 같았고 또 이해하기 어려웠기 때문에 강의를 듣는 데에는 어느 정도의 인내심이 필요했다. 공삼 선생이 쓴 책과 논문, 번역서들은 무엇보다도 어려워서 그 중 한두 권만 한번 읽고 덮어버리든가 조금 읽다가 중단해 버렸다.

그가 국가다원론을 가르쳤지만 이것은 우리의 정치현실과는 동떨어진 이론이라는 비판이 일각에 있었다. 현대 사회에서는 교회와 노동조합 등과 같은 결사들이 그 구성원들의 생활에 국가에 못지않은 영향을 미치고 있어 국가주권론은 위기에 처해 있고, 이제 국가도 이러한 결사들과 마찬가지로 하나의 결사에 불과하다는 주장은 이러한 주장이 나온 구미의 경우에는 어느 정도 타당성이 있을지 모르나 신생 독립국이고 산업화 이전의 후진상태에 있던 한국과 같은 나라에는 맞지 않는 주장 같았다.

당시에 공삼 선생은 12년이라는 긴 세월에 걸쳐 일본 게이오 대학에서 자유주의 정치학을 공부하고, 또 해방 이후 미국 정치학의 새로운 경향도 공부를 한 유일한 분이었다. 그는 오랫동안 정치학의 불모지였던 신생 대한민국에서 정치학에 대해 체계적으로 많이 알고 있었고, 여러 사정으로 정치학 서적 구입이 어려웠던 당시에 고전적인 정치학 서적들을 포함한 많은 책을 가지고 있었다. 정치학자가 가지고 있는 정치학 지식의 양과 질로 볼 때 공삼 선생은 당시 단연 제1인자였다.

그러나 당시 공삼 선생은 정치현실에는 별로 관심을 가지지 않은 것 같은 느낌을 우리들에게 주었다. 정치학이 현실정치와 분리할 수 없는 학문분야임에도 불구하고 공삼 선생은 정치학을 위한 정치학을 하는 분 같이 보였다. 필자도 《교수신문》이 공삼 특집에 실릴 글을 부탁받았을 때 "공삼은 한국의 정치현실에 크게 아랑곳하지 않고 그가 공부한 서양의 고전적 정치학을 후학들에게 가르친 상아탑 속의 학자"라고 평하였다.[1]

필자는 공삼 30주기를 맞이해서 그의 연구업적을 소개하는 책무를 맡아 그의 업적을 다시 검토하는 기회를 가졌다. 그가 쓴 『정치학』, 『정치학 요강』과 논문들은 대체로 다 읽어 보았고, 번역서들은 서문, 제목, 그리고 중요한 부분들만 보았다. 번역서들도 정치학도라면 오늘날에도 전부를 읽어볼 필요가 있는 고전들이지만 그렇게 읽을 만한 시간적 여유를 갖지 못했다. 이 글은 이렇게 검토한 공삼 선생의 업적 내용을 우선 소개하고 있다.

필자는 이렇게 업적 내용을 검토하고 난 후 공삼 선생이 우리의 정치현실과는 관계가 약한 정치학을 가르쳤다는 일각의 판단은 짧은 판단이었다는 느낌이 들었다. 공삼 선생은 그리스 시대부터 현대에 이르기까지의 정치이론은 모두 그 시대의 문제를 해결하기 위한 노력이고, 현대의 과학주의 정치학도 이에 예외가 아니라고 무수히 반복해서 주장하였다. 공삼 선생도 우리들에게 정치학을 가르치고 저작물들과 번역서들을 낼 때, 그 당시의 시대적 과제에 맞추어서 강의하고 출판을 한 것이라는 생각이 문득 들었다. 그렇다면 공삼 선생의 저작, 역서, 강의는 우리의 어떠한 시대적 문제를 염두에 두고 있었던 것

1 《교수신문》 제132호, 1998년 4월 6일 제7면, 이정복, "내가 본 공삼 : 고전정치사상 탐색한 상아탑 속의 학자" 참조.

인가? 공삼 선생의 연구업적을 이 문제와 관련해서도 살펴보기로 한다.

1. 연구업적 개관[2]

공삼 선생의 연구업적은 그의 저서와 논문, 역서, 그리고 강의로 구성된다. 그의 저서로는 『정치학』(보문각, 1958), 『정치학 요강』(삼중당, 1962), 『현대 정치학의 방법론적 고찰』(일조각, 1963)이 있다. 그 중 『정치학 요강』은 인산 김영국 선생과 공저한 것으로 되어 있으나 인산 선생이 공무원들을 위해서 공삼 선생이 쓴 『정치학』을 알기 쉽게 해설한 책 같다. 『현대 정치학의 방법론적 고찰』은 도시관에서 찾지 못했으나 『정치학』에서 방법론적 부분만을 뽑아서 낸 책이거나 『정치학』과 같은 책이 아닌가 하는 느낌이 든다. 이렇게 볼 때 공삼 선생의 저서는 『정치학』 한 권으로 압축된다고 말할 수 있다.

공삼 선생은 모두 12편의 논문을 발표했다. 그의 첫 번째 논문인 「미국에 있어서 정치학의 독립에 관한 한 자료」는 『법학연구』에 일어로 발표한 논문인데, 도서관에서 찾을 수 없었다. 그러나 이 논문은

2 『공삼 민병태 박사 화갑기념논총』(서울대학교 출판부, 1973), pp. 3-4 저작 목록.

공삼 선생이 1933년에 일본 게이요 대학 법학부 정치학과 예과 1학년으로 입학하여 그후 본과 3학년이 되는 1938년에 쓴 것이다. 논문 제목으로 보아 공삼 선생은 대학시절부터 정치학이라는 학문 그 자체의 발달과정에 대해 관심을 가진 것 같다. 나머지 논문들 중 7편은 1950년대에, 3편은 1960년대에, 그리고 1편은 1970년에 나왔다. 1950년대에 나온 논문들의 제목은 「민주대표론」, 「영국 정치사상의 현실성」, 「참의원의 의의와 민주화에 관하여」, 「정치학의 기본문제」, 「정치학과 제 학문과의 관련」, 「정치적 자유」, 「압력단체와 민주주의」이고, 1960년대의 논문 제목들은 「내각책임제의 기본조건」, 「우선회냐 좌선회냐? –맑시즘과 결별한 60년대 사회주의 제 정당」, 「과학주의에 대결하는 전통」이고, 1970년의 논문 제목은 「한국전쟁의 현대사적 의의」이다. 이 논문들은 대학의 학보와 『사상계』, 『신동아』와 같은 일반 잡지들에 발표되었는데, 학회지의 발간이 거의 없거나 매우 드물었던 그 당시에는 이러한 일반 잡지들이 학술논문 발표지로서의 역할도 하였다는 것을 첨언해두고 싶다. 이 논문들은 모두 시대적 배경과 밀접한 관련이 있지만 정치학의 발달경향을 다루고 있기도 하다.

공삼 선생은 번역을 많이 하였다. 훼브르, 『아시아대륙횡단기』(일본 대화서점, 1941), E. H. 파커, 『타타르일천년사』(일본 대화서점, 1944), H. J. 라스키, 『정치학 강요(상)』(문연사, 1954), 『정치학 강요(하)』(민중서관, 1957), 『국가론 : 이론과 실제』(백영사, 1954), W. I. 제닝스, 『영국헌정사』(민중서관, 1955), R. M. 마키버, 『근대국가론』(민중서관, 1957), G. H. 세바인, 『정치사상사』(을유문화사, 1963), H. J. 라스키, 『정치학 강요 개정판』(민중서관, 1969) 등이 그의 번역 출판물이다. 이 책들은 대한민국의 국가 건설기에 우리들이 어떠한 정치학을 수립하고 어떠한 국가를 세울 것인가에 대해 생각하는 데 도움을 주었던 책들이다.

공삼 선생은 필자가 학부에 다닐 때에는(1963-1967) 서양정치사상사와 정치학 특강을 맡아서 강의하였다. 당시는 휴강이 많은 시기였으나 휴강을 거의 하지 않았다. 강의내용을 몇 장의 종이에 적어가지고 그것을 빠른 속도로 읽는 스타일의 강의였고, 이에 대해 알기 쉽게 자세히 설명을 하지 않아 이해하기가 매우 어려웠다. 세바인의 『정치사상사』를 읽어서 공삼 선생의 강의를 이해하고자 노력했으나 이 책도 어려웠다. 정치학 특강은 필자가 수강했을 때에는 정치철학에 대한 강의였는데, 그 내용 중에는 마이클 오크쇼트(Michael Oakeshott)의 견해도 포함되어 있었다.

2. 연구업적의 내용 소개

(1) 저서와 논문

가. 저서

• 『정치학』

이 책은 필자가 정치학과 1학년이었던 1963년에 수강한 정치학개론 강의(인산 선생 담당)의 교과서였다. 당시 이 책은 학생들이 거의 이해할 수 없을 정도로 어려운 책이었다. 이 책은 정치학 공부를 시작하는 학생들보다는 이를 마치고 스스로 연구방법과 방향을 설정하려고 노력하는 대학원 졸업생 이상의 정치학도들에게 정독을 권장하고 싶은 책이다.

이 책은 정치학이 무엇을 어떻게 연구하는 학문인가에 대해서 논하고 있다. 대부분의 정치학 개론 교과서들이 정치학 전 분야의 개념과 이론을 나열적으로 소개하고 있는 데 반해, 이 책은 플라톤 이래 여태까지의 정치학과 타사회과학 분야의 업적에 근거하여 정치학에 대한 공삼 선생의 입장을 정리해 놓은 정치학 원론이다. 따라서 이 책의 이해에는 정치학뿐만 아니라 타사회과학 분야의 고전들에 대한 해박한 지식이 필요하다.

이 책은 정치학에서 가장 중요한 세 가지 주제라고 볼 수 있는 정치학 방법론, 권력론, 민주주의론을 다루고 있다. 정치학 방법론에서 공삼 선생은 우선 사회과학의 의의를 간단하게 소개하고 있다. 그는 여기서 사회과학의 대상은 이념과 사실이 융합되어 있어 구분이 불가능하다는 점에서 자연과학의 대상과 분명한 차이가 있고, 최종적으로는(ultimately) 가치에 대한 과학적 검토가 불가능하다고 해서 가치를 사회과학에서 배제해서는 안 되며, 사회과학의 각 분야인 정치학, 경제학, 사회학, 사회심리학, 역사학 등은 처음부터 있었던 것이 아니라 사회가 발전함에 따라 생겨난 것이고, 정치학은 타분야의 성과를 이용하는 다원적인 방법론을 채택할 것을 주장하고 있다.

공삼 선생은 현대 정치학을 논하기 위한 전제로 정치학의 역사도 소개하고 있다. 그는 정치학의 역사가 그리스의 이념, 로마와 중세기에 있어서의 보편주의, 개인의 재발견, 머캔틸리즘과 정책론, 시민사회의 성립, 실증주의로 구성되어 있다고 보고 각 시기의 대표적 정치학자들의 이론을 약술하고 있다. 그는 정치이론들이 그들이 살던 시대의 문제들을 해결하려는 노력으로 나타났다는 점에서 시대적 조건을 반영하고 있다고 보고 있다. 그는 정치이론을 역사주의(historicism)적 관점에서 해석하고 있는 것이다.

공삼 선생은 그리스 시대부터 오늘에 이르는 정치학 방법론을 규범적 방법과 과학적 방법으로 대별하고 이 두 가지 방법이 오늘날에도 병용되고 있다고 지적하고 있다. 현대 정치학이 전자의 방법보다는 후자의 방법에 두드러지게 의존하고 있는 것은 정치학의 본질적 변환을 의미하는 것이 아니고 극도로 분화된 현 사회를 정확하게 파악하려고 나온 것에 불과하다고 평가하고 있다. 그는 정치학이 정치적 현실을 가치문제에 결부시켜 체계화하는 학문(Wissenschaft)이라고 규정하고, 가치문제를 다루는 데 있어서는 규범적 방법의 도움을 받아야 한다고 강조하고 있다. 공삼 선생이 정치학 방법론을 규범적 방법과 과학적 방법으로 대별했다고 해서 그가 가치와 사실을 분리하는 이원론적 인식론을 주장하고 있는 것은 아니다. 그는 이원론적 인식론이 칸트에서 체계화되어 그것이 신칸트학파, 독일의 관념법학, 켈젠의 순수법학, 베버의 사회학에 계승되었다고 그 계보를 밝히면서 이원론은 대상을 극도로 순수 형식화시켜 결국은 우리들을 대상에서 유리시킨다고 비판하고 있다. 그는 정치현상에 대한 과학적 접근법이 필요하다고 인정하면서도 1950년대 미국의 극단적인 행태주의 정치학에 대해서는 거부감을 나타내고 있다.

권력론에서 공삼 선생은 권력의 본질을 처음에는 국가의 본질에서, 그 다음에는 국가와 사회의 분화과정에서, 그리고 마지막으로 권력 자체에 대한 분석에서 규명하고 있다. 그는 그리스의 폴리스, 중세기의 봉건질서, 교권과 속권의 대립기를 거쳐 국가가 성립되는 과정과, 국가의 이와 같은 성립과정에서 나온 주권론이 장 보당에 의해 최초로 체계화된 이후 이것이 17세기의 그로티우스, 18세기의 루소, 19세기의 벤담과 오스틴, 20세기의 예리네크와 윌로비에게 계승 발전되었음을 지적하고 국가권력의 변천과정을 이와 관련하여 논의하고 있다. 그러나 공삼 선생은 국가권력의 이와 같은 규명에 만족하지 않고 국가권력이 사회의 본질, 구조 및 그 행위에서, 또는 국가의 사회에 대한 관계와 사회의 국가에 대한 관계에서 규명되어야 한다고 주장하면서 라스키와 마키버와 같은 사회적 국가이론가들의 논의를 검토하고 있다. 마지막으로 공삼 선생은 권력 분석에 심리학과 사회학을 응용하고 있는 카트린이나 라스웰의 권력론을 소개 · 비판하고 있다. 그는 이 두 학자의 이론이 일반적 권력과 정치권력을 구분하지 않고 있고, 권력에 대한 법칙을 정립하려고 하고 있으나 이 법칙은 자기부정적 성격(self-denying prophecy)을 가져 일반 사람들에게 알려지면 그 효력을 잃게 될 것이라고 비판하고 있다.

민주주의론에서는 공삼 선생은 민주주의를 사회철학과 제도의 양면에서 소개하고 있다. 그는 민주주의의 사회철학으로 17세기 영국의 수평파들, 밀톤 · 로크 · 루소 등의 자연권 이론, 벤담의 공리주의 이론, 케네와 아담 스미스의 고전경제학 이론, 그리고 영국의 이상주의자들의 이론을 소개하고, 민주주의의 진수가 정부를 포함하는 여러 결사들의 이익, 특히 그들 각각의 경제적 이익을 토의에 의해 결정하고 이것을 국가기능으로 유효화하는 데 있다고 보고 있다. 그는 마르크스주의의 계급독재론은 권력의 속성상 우리 생활 전체를 파손할 수밖에 없다고 지적하고 경제적 민주주의 문제는 소유자 집단과 노동자 집단이 상호 참여하여 생산이 관리되고 평등이 보장되는 민주주의로 해결해야 된다고 기술하고 있다.

민주주의 제도로서는 (1) 헌법과 정부형태, 다수결 원리, 대중교육, 권력분립, (2) 대의제도, (3) 선거, 정당, 여론을 들고 있다. 여기서 여론에 대한 공삼 선생의 논의를 소개하면 다음과 같다. "여론에 관하여는 이론이 대립된다. 즉 밀톤, 벤담 및 죤 스튜어트 밀은 인간의 지식, 합리성 및 이해관계가 각각 여론에 반영된다고 한다. 그러나 현대 이론은 이것을 그대로 수락치는 않는다. 선거에 있어 교육받은 자가 반드시 올바른 행동을 한다고는 볼 수 없으며, 공적 문제를 자기본위로 해석하여 비합리적 행동을 취하게 되며, 어떠한 것이 공적 이익을 가져올지 모를 뿐만 아니라 어떠한 것이 자기에게 유익한지조차도 판단치 못하는 자가 허다하다. 결국 구설은 인간의 감정과 편견의 심리적 요인을 무시하였으며, 개인과 정부의 중간에 게재되는 제 제도, 과정 및 집단의 기능화를 무시한 것이다."[3]

• 『정치학 요강』

이 책은 『정치학』의 내용을 알기 쉽게 해설하고 보완한 책이다. 정치학 방법론과 권력론에 대해서는 『정치학』에 나온 내용을 알기 쉽게 해설하고 있고, 이외에 민주정부론과 독재정치론을 포함하고 있다. 민주정부론에서는 영국식 의원내각제 정부, 미국식 대통령제 정

3 민병태, 『정치학』(서울 : 보문각, 1962), p. 271.

부, 프랑스의 제5공화정, 스위스의 합의제 정부에 대해 비교적 상세하게 소개하고 있고, 독재정치론에서는 공산독재정치, 파시즘 독재정치, 준파시즘 독재를 구체적으로 기술하고 있다.

가. 논문

• 「민주대표론」(『수도평론』, 1953년 6월)

이 글은 민주대표론의 실현방법과 문제점들을 정확하게 기술하고 있다. 공산 선생은 현대 정치는 히틀러의 독재나 프롤레타리아 독재도 포함해서 모두 선거를 통한 대의민주제의 형식을 가지고 있다고 지적하고 데모크라시의 실질을 구현할 수 있는 대의제도는 다음과 같은 두 가지 조건을 필요로 하고 있다고 역설하고 있다. 첫째 대의제도는 사회적 제약의 구속을 받아야 하고, 둘째 무수한 이해관계를 가지고 서로 대립하고 있는 사회집단들의 이익을 대표해야 한다는 것이다. 그는 대의제도가 사회적 제약의 견제를 받고 여러 집단들의 이해관계를 대표하는 한 대표자들이 특별히 우수한 인물일 필요는 없고 평범한 인물이라도 괜찮다고 하면서 제도에 입각한 민주주의의 실현을 추구해야 한다고 주장하고 있다.

그러나 공삼 선생은 민주적으로 사회력을 집결한 정당 또는 사회단체를 갖지 못한 후진국에서는 대표자들이 대의제도를 이용해 그들 자신들의 사리를 채우는 결과를 초래하고 있다고 비판하고 있다. 그는 "봉건시대의 영주가 토지에 입각한 사회세력이며 자본주의 시대의 자본가가 금융에 기반을 가진 지배세력이라면, 후진국가의 대표자들은 왕왕 우매한 인적 집합을 이용하는 정치배"라고(p. 10) 말하고 있다. 공삼 선생은 민주주의가 성숙하여 제도로서 완성된 선진민주국가들에서는 대의제의 이슈가 대표자의 이념과 윤리문제에서 효율적인 데모크라시의 실현문제로 이동되고 있다고 기술하고 있다.

• 「영국 정치사상의 현실성」(『사상계』, 1955년 9월)

이 글은 혁명적 정치운동과 혁명적 이념을 태동시킨 불란서와 독일과는 달리 영국은 여러 가지 정치문제를 과격하지 않게 어떻게 하든지 해결하는, 즉 muddling through하는 특성을 가지고 있고, 이러한 특성이 영국의 대표적 정치사상가들인 홉스, 로크, 페인, 콜, 벤담, 밀 부자 등의 정치사상에도 반영되어 그들의 정치사상은 현실성 혹은 보수성을 가지고 있다고 지적한 글이다. 공삼 선생은 "크롬웰 혁명이나 1688년의 휘그 혁명은 모두가 기존 자유와 기성 전통의 옹호를 위한 것이며, 우리는 버크(Burke)적인 요소가 포함되어 있지 않은 정치사상을 (영국에서는) 찾아보기는 곤란한 것이다"(p. 125)라고 말하고 있다.

• 「참의원의 의의와 민주화에 관하여－선거운용의 재검토」 (『법정』, 1956년 12월)

이 글에서 공삼 선생은 양원제와 단원제의 장단점을 소개하고 있으나 이에 근거해 어느 제도를 택해야 된다고 주장할 근거는 없다고 결론을 내리고 있다. 양원제나 단원제나 모두 이를 채택하고 있는 나라들의 특수 사정에 의하여 역사적으로 채택된 산물이라고 지적하면서 우리나라의 경우에는 "현재 헌법에 규정되어 있는 참의원의 존폐문제를 (둘러)싸고 양원제의 시비론 또는 개헌론을 운운하기보다는 오히려 참의원으로 하여금 어떻게 민주주의와 조화되는 기능을 발휘케 하느냐가 더욱 중요할 것이다" (p. 5)라고 말하고 있다. 참의원을 이렇게 만들기 위해서는 민의원 의원들과는 다른 종류의 인물들이 참의원에 진출할 수 있어야 하고, 이를 위해서는 당시 논의되고 있었던 민의원 선거구 3배의 중선거구에서 2명의 참의원을 선출하는 안보다는 선거구를 도단위의 대선거구제로 하는 것이 타당할 것이라고 권고하고 있다.

- 「정치학의 기본문제」(특집《문리대학보》, 1957년 7월)

이 글의 내용은 『정치학』에서 다루고 있는 정치학 방법론을 간략하게 소개한 것이다.

- 「정치학과 제 학문과의 관련」(서울대《정치학보》, 1958년 3월)

이 글의 내용도 『정치학』에 나와 있다. 공삼 선생은 정치학이 다원적 방법에 의존할 수밖에 없는 이유는 정치현상 자체가 다각적으로 구명되어야 할 제 요소를 포함하는 까닭이고, 정치학의 구래방법은 철학, 역사학 및 법학에 의존했으며, 최신방법은 생물학, 심리학, 사회학 및 경제학에 의존하고 있다고 말하고 있다. 『정치학』에서는 최신방법에 대해서도 논의하고 있으나 이 글에서는 구래방법에 대해서만 논의하고 있다. 여기서 공삼 선생은 그리스 시대 이후의 중요한 철학적 · 역사적 · 법학적 방법을 매우 농축적으로 소개하고 있다.

- 「정치적 자유」(『사상계』, 1958년 11월)

이 글은 정치적 자유에 대해 그리스 · 로마 시대, 중세, 근대의 여러 사상가들이 어떠한 사상을 가지고 있었던가를 개관하고 있다. 이 글의 시작부분과 결론부분에 정치적 자유에 대한 공삼 선생의 생각이 나타나 있으므로 이를 소개하면 다음과 같다.

> 어떠한 어려운 처지에 부닥치더라도 인류의 전 문화(全文化)를 부정할 수는 없는 것이다. 그리스와 로마의 시민권이 노예제도를 시인하였다고 비난할 수 있으나 그들의 자유이념 자체를 부인할 수는 없을 것이며, 중세기의 교리가 아무리 도그마틱하다 할지라도 그들이 주장하는 사해동포와 인간의 존엄성에 관한 이념을 무시할 수 없는 것이다. 이렇게 본다면 소위 자유는 일찍이 인간이 사회조직을 개량해 나가려는 인간 정신의 태세라고 볼 수 있으며, 이것은 과거에서 시작하여 현재에도 여전히 계속되고 있는 것이다. 고대에 있어서는 시민권을 가진 조합원 사이에, 중세기에 있어서는 신에 귀존하는 자에 한하여, 근대 초기에 있어서는 특권계급에게만 각각 자유가 허용되던 것이 현대에 이르러 모든 인간에게 이것이 부여되었다는 데 지나지 않는다. 자유는 사회적 변천과 더불어 그 내용과 범위가 달라지는 만큼 우리는 진실한 일반적 통성을 사 개별성을 통하여 어떻게 실현하여 왔으며, 또 어떻게 이것을 실현하는가의 문제와 관련시켜 자유를 규정하여야 하며 여기에 제기되는 현대에 있어서의 정치적 자유를 규명하지 않으면 안 될 것이다(p. 64).

> 정치적 자유의 구현방법인 다수결의 원칙은 현대 메커니즘의 발달로 말미암아 소수결을 용이케 하였으며, 여론에 따라야 할 민주정치는 여론 자체의 인위조작에 의하여 저해되고 있으며, 정당제도와 대의정치는 여기에 게재하는 복잡한 과정으로 인하여 일반의사와 현실정치 사이에 현격한 갭을 나타내고 있으며, 방대한 산업조직은 국가기능의 미증유한 확대를 초래하고 있는 것이다. 그러나 이것은 어디까지나 해결하여야 할 문제의 곤란성을 의미하는 것이며, 민주주의의 기본을 이루는 정치적

자유 자체를 무시하라는 것을 의미하는 것은 아니다. 경제적 대립과 사회 불안에 처하여 우리는 오히려 과거에 확립된 정치적 자유를 기반으로 하여야만 비로소 사회문제를 민주적으로 해결할 수 있다는 것을 잊어서는 안 된다. 사회적인 병근을 은폐하기 위하여 정치적 자유조차 말살하는 히틀러의 독재정치를 볼 때, 국민이 합의할 수 있는 방향에서 정치적 자유가 구현되어야 함은 다언할 필요조차 없는 것이다. 따라서 우리는 정치적 자유와 경제적 평등은 대립된 체계로서가 아니라 병행할 수 있는 두 개의 노정으로서 유지하여야 하는 것이다(p. 69).

• 「압력단체와 민주주의」(『사상계』, 1959년 8월)

이 글은 압력단체의 발생과 성격에 대해 다루고 있다. 공삼 선생은 압력단체의 발생이 민주적인 헌법의 채택과 밀접한 관계가 있지만 전통적인 대의제도가 사회적 조건의 여러 요구에 충분히 응할 수 없고, 또 전통적인 정당활동과 선거가 대중의 정치참여 방식으로 충분하지 못하여 압력단체가 발달하게 되었다고 기술하고 있다. 그러나 압력단체들 간의 대립과 분쟁을 조정하기 위해서는 정당의 적극적 활동이 필요하다고 말하고 있다.

• 「내각책임제의 기본조건」(『사상계』, 1960년 9월)

이 글은 영국과 같은 외국의 내각책임제를 소개하고 이를 참고로 해서 우리가 발전시켜야 할 내각책임제의 기본조건을 제시하고 있다. 첫째로 영국은 보수당과 노동당이 대결해도 서로 간 상대 정당의 좋은 정책을 채택하고 상대 당이 여당으로서 실시한 정책은 야당이 집권당이 되어도 이를 그대로 유지한다고 지적하고 우리도 이와 같은 전통을 따라야 한다고 권고하고 있다. 둘째로 인사 쇄신을 통해서 관료의 중립성과 능률성이 확보되어야 의원내각제가 성공할 수 있다고 말하고 있다. 셋째로 의원내각제 정부는 이를 감시하는 야당을 반드시 필요로 한다고 지적하고 있다.

당시 선거에서 민주당이 압승하여 야당부재의 사태가 야기되었는데, 다시 말해 세 번째 조건의 결여사태가 일어났는데, 이를 해결하는 방식으로 이 글은 다음의 세 가지를 제시하고 있다. "첫째로 민주당을 분당하여 여야의 보수양당제를 수립하는 것, 둘째로는 민주당이 4월 혁명의 정신에 비추어 시시비비의 태도에서 동일 정당 내에서 정권 담당자를 교체하는 것, 셋째로는 각료의 다수를 당외에서 임명하여 그들을 감독하는 방법"(p. 157)의 세 가지를 고려할 것을 제안하고 있다.

• 「우선회냐 좌선회냐?-맑시즘과 결별한 60년대 사회주의 제 정당-」(『사상계』, 1963년 9월)

이 글은 유럽의 사회주의 정당들이 제1차 세계대전 이전부터 마르크스와는 다른 노선을 가졌었고, 그들의 정책노선의 우선회는 1960년대에 더욱 두드러지게 나타나고 있다고 지적한 글이다.

• 「과학주의에 대결하는 전통」(『신동아』, 1965년 1월)

이 글은 정치이론, 정치학 방법론, 비교정치론, 국제정치론, 행정학 등 정치학 각 분야의 전후 발전경향을 요약하고 있다.

• 「6 · 25의 현대사적 의의」(『신동아』, 1970년 6월)

이 글은 6 · 25를 주어진 독립과 주어진 민주주의의 환경 속에서

미소에 의해 주어진 전쟁으로 보고 있다. 이 글은 6 · 25 20주년을 맞이하여 우리들이 자유체제의 확립과 경제건설에 매진해야 한다고 강조하고 있다.

(2) 역서

• 훼브르, 『아시아대륙횡단기』

공삼 선생이 게이오 대학 대학원생일 때 일어로 번역한 책이다. 이 책의 내용은 알 수 없으나 제목과 같이 훼브르가 아시아대륙을 횡단하면서 쓴 기행문일 것 같다.

• E. H. 파커, 『타타르일천년사』(*A Thousand Years of the Tartars*)

이 책은 중국의 북부지역을 지배하기 위해 일 천 년 동안 중국 사람들과 싸워온 일곱 타타르 제국의 흥망성쇠를 기술하고 있다. 어려서부터 말 타는 것을 배우고 힘이 유일한 법이라고 믿었던 모험적인 타타르족의 전통과 생활방식을 자세하게 기술하고 있다. 타타르족의 전통은 청나라의 지배자였던 만주족에게 전수되었다. 파커는 영국 맨체스터 대학의 중국어 교수였고, 중국 자료를 이용해서 이 책을 썼다. 공삼 선생이 게이오 대학 아시아연구소의 연구원으로 재직할 때 번역한 책이다.

• H. J. 라스키, 『정치학 강요』(*A Grammar of Politics*)와
『국가론 : 이론과 실제』(*The State in Theory and Practice*)

라스키는 *Authority in the Modern State*(1919)와 *The Foundations of Sovereignty, and Other Essays*(1921)에서 전능한 주권국가론은 신화에 불과하고 국가도 단체, 조합, 교회 등과 같이 그 구성원들의 충성을 확보하기 위해 서로 경쟁하는 여러 결사들 중의 하나라고 주장했다. 라스키의 이와 같은 정치적 다원론(political pluralism)은 제1차 세계대전 후 유행하던 반국가주의적 이념과 길케(Gierke), 메이트랜드(Maitland), 피기스(Figgis)의 영향을 반영하고 있다.

라스키의 이와 같은 정치적 다원주의는 *A Grammar of Politics* (1925)에서 부정되기 시작했다. 그는 이 책에서 "국가는 사회의 가장 중요한 도구"(the fundamental instrument of society)이고, 국가의 목적은 "인간의 요망을 가능한 한 큰 규모로 만족시키는 것"(satisfy … the wants of men on the largest possible scale)이라고 주장했다. 그러나 그는 이 책에서 국가권력에 대한 불신감을 버리지 않고 분권화, 여러 결사들과의 협의, 정부에 대한 견제의 필요성을 주장했다. 국가권력에 대한 그의 불신감은 국가가 실제로는 부유하고 권력 있는 사람들 편인 경우가 많다는 그의 믿음에서 나왔다. 그는 정치적 민주주의는 그것이 경제적 민주주의 혹은 사회주의의 실현으로 전진하지 않는다면 실제로 의미가 없다고 강조했다. 이와 같은 입장은 민주사회주의 혹은 페비안 사회주의의 입장이다.

라스키는 1937년에 나온 이 책의 제4판에 "Introductory Chapter : The Crisis in the Theory of the State"(총 27페이지)를 첨가했다. 이 글에

서 그는 국가의 목적에 대한 민주사회주의 혹은 페비안 사회주의의 견해를 버리고 마르크스의 견해를 수용하고 있다. 다시 말해, 그는 *A Grammar of Politics*의 본문(총 651페이지)에서 주장하고 있는 자유주의 국가론 혹은 민주사회주의 국가론, 페비안 사회주의 국가론이 위기에 처해 있다고 진단하고, 이에 대한 대안으로 다음과 같이 마르크스의 국가론을 제시하고 있다.

자유주의 국가론에서 국민들이 국가에 복종하는 이유는 국가가 (1) 질서를 유지하고, (2) 평화적 변화의 기술을 제공하며, (3) 국민들의 요구를 가능한 한 넓은 규모로 만족시킬 수 있기 때문이다. 라스키는 1920년대 말 경제공황 이후 자본주의가 위기에 처해 있던 1930년대에 나온 위의 글에서 이 명제를 부정하였다. 그는 국가가 질서를 유지한다는 것은 맞으나 평화적 변화의 기술을 제공하고 국민들의 요구를 가능한 한 넓은 규모로 만족시킨다는 것은 맞지 않게 되었다고 주장하였다. 그 이유는 마르크스가 주장한 바와 같이 국가가 자본가 계급의 이익을 옹호하는 기관에 불과하기 때문이다. 그는 (1) 법, (2) 다원주의, (3) 민주정치, (4) 국제질서를 이와 같은 마르크스주의의 시각에서 재검토하였다. 첫째로 법은 국민들 모두에게 공평한 규칙이 아니라 사회의 계급구조를 보호하는 규칙이고, 국가의 강제력은 이 규칙의 준수를 강요하는 힘이다. 둘째로 다원주의는 국가가 계급관계의 표현이라는 점을 간과하였다. 앞으로 다원주의자들의 목표는 계급 없는 사회(classless society)의 실현에 두어야 하고, 이러한 목표가 실현된다면 국가의 강제력은 필요 없게 되어 국가는 마르크스의 표현대로 "없어지게 될 것이다"("withers away"). 셋째로 민주정치는 자본주의가 번영하는 동안에는 가능하나 자본주의가 위기에 처하면 나치 국가의 등장에서 나타난 바와 같이 불가능해진다. 자본가들은 전자의 시기에는 대중들의 경제적 요구에 양보를 하고 대중들이 그들의 요구를 실현하기 위해 권력을 장악하려고 하지 않기 때문에 민주정치가 유지된다. 그러나 후자의 시기에는 자본가들이 대중들의 요구에 양보를 할 수 없고, 이 때문에 대중들이 그들의 요구를 실현하기 위해 민주적인 방법으로 권력을 장악하려고 하면 자본가들은 그들의 도구인 국가의 강제력을 이용해 대중들의 권력 장악을 막게 된다. 자본주의 사회의 계급국가는 혁명 없이는 그 타파가 불가능하다. 넷째로 국제법은 평화로운 국제질서를 유지하는 데 무력하다. 주권국가들은 국제법이 그 국가의 자본가들의 이익에 부합하지 않으면 일본의 만주점령에서 보는 바와 같이 지키지 않기 때문이다. 국가가 자본가들의 이윤 동기에 따라 움직이기 때문에 제국주의가 나타나고 전쟁이 일어난다. 국제법의 준수는 국가주권의 말살이 없이는 불가능하고, 국가주권의 말살은 경제구조의 혁명 없이는 불가능하다.

소비에트 러시아는 새로운 생활방식을 대표하고 러시아의 새로운 실험은 자유주의 국가의 계급질서를 위협하고 있다. 자유주의는 봉건주의가 그랬던 것과 마찬가지로 생산력과 생산관계의 모순에 직면해 있다. 국가론의 위기는 자유주의의 계급관계를 유지하려는 세력과 이를 타도하려는 세력 간의 충돌의 이데올르기적 표현에 불과하다.

위에 소개한 1937년판 *A Grammar of Politics*의 서장 내용은 라스키가 1935년에 출판한 *The State in Theory and Practice*에 나와 있는 내용이다. 경제공황과 파시즘의 등장을 목격한 라스키는 이 책에서 정치적 민주주의의 절차를 통해서 사회경제적 개혁을 할 수 있다는 1925년판 *A Grammar of Politics*의 낙관적 기대감을 버렸다. 이 책은 자본주의의 모순은 해결불가능하고 정치적 민주주의는 자본주의와는 양립할 수 없다는 마르크스의 견해를 수용하고 있다. 그는 이 책에서 정치적 민주주의가 자본주의의 존속을 위협하고 이윤추구를 방해한다면, 지배계급은 정치적 민주주의와 노동운동을 억압하고 권위주의적 정권을 수립할 것이라고 주장했다. 폭력적인 혁명에 대한 대안으로서의 자유주의와 민주사회주의는 더 이상 유효하지 못하고 혁명적 사회주의와 타락한 자본주의의 정치질서인 파시즘이 권력장악을 위해 서로 경쟁할 것이라고 주장했다.

참고로 제2차 세계대전 중에는 라스키는 "동의에 의한 혁명"(a revolution by consent)을 주장했다는 점을 첨가해둔다. 영국 국민들이 단합되어 있었던 제2차 세계대전 중의 기회를 이용해서 노동당은 처칠 연립정부가 전후에 수행할 사회경제적 개혁안을 수립할 것을 촉구해야 한다고 주장했다. 영국이 그렇게 하지 않는다면 전후도 전전과 마찬가지로 파시즘과 혁명적 사회주의, 즉 공산주의의 양자 중 하나를 택일해야 되는 상황에 직면하게 될 것이라고 주장했다. 그가 적극적으로 참여했던 노동당은 이와 같은 그의 의견을 받아들이지 않았다. "동의에 의한 혁명", 즉 평화적 혁명은 그가 1930년대 중반에 쓴 『국가론』이나 『정치학 강요』의 서장에서는 어려운 것이 아니냐는 쪽으로 그의 논지가 기울어져 있으나 1925년에 쓴 『정치학 강요』의 본문에서는 가능한 것으로 그의 논지를 펴고 있다. 전자의 논지는 그의 사회주의가 경제공황과 파시즘의 등장을 계기로 급진화되어 있었다는 것을 나타내고, 다른 한편 후자의 논지는 민주주의의 장래에 대해 낙관적 기대감이 팽배했던 1920년대에 그가 영국의 정치제도에 대해 가지고 있었던 어느 정도의 신뢰감을 반영한다고 볼 수 있다.[4]

• W. I. 제닝스, 『영국헌정사』(*The British Constitution*)

제닝스는 1950년에 이 책을 출판하였고 공삼 선생은 1955년에 이 책을 번역하였다. 이 책은 영국 헌정이 어떻게 변천되어 왔는가를 소개하고 있다. 이 책은 제1장 인민에 의한 정치, 제2장 정당에 의존하는 정부, 제3장 하원, 제4장 귀족원, 제5장 군주제도, 제6장 행정, 제7장 내각제 정부, 제8장 영국 민주주의로 구성되어 있다. 역자 서(序)에 공삼 선생의 헌법에 대한 생각이 나와 있어 그 중 일부분을 소개한다.

> 헌법은 국가의 기본법이라고 정의한다. 그러나 국가는 성장하고 발전하는 것이다. 헌법을 아무리 기본적이라 하여도 이것은 결국 새로운 조건에 당면하여 제안된 것이다. 동시에 헌법은 법률적인 면과 비법률적인 면에서 해결하여야 할 복잡한 임무를 담당한다. 민주주의 국가에 있어서는 함부로 헌법이 개정되어서는 안 된다는 의도에서 곤란한 절차가 여기에 부과된다. 그러나 현재 뉴질랜드에 있어서는 보통 법안과 같이 단순한 과반수로써 헌법을 개정할 수 있으며, 영국에 있어서는 물론 하원의 의견에 따라 헌법을 좌우할 수 있는 것이다.
>
> 그러므로 헌법은 민주주의 원칙의 테두리를 벗어나지 않는다는 사실을 기초조건으로 하는 것이며, 법률 자체의 구속성이 영구히 보전되는 것은 오히려 부차적인 문제라고 볼 수 있다 ⋯ .

4 Herbert A. Deane, *The Political Ideas of Harold Laski*(New York : Columbia University Press, 1955) 참조.

이와 같은 신축성을 전제로 하는 영국 헌정은 민주정치의 원칙을 이탈하지 않는 한계에 있어서의 정치발전을 그대로 방임하는 것이라고 볼 수 있다. 그러므로 영국 헌정사는 그때그때 일어나는 사태를 원칙에서 해결하여 온 경험의 축적인 것이다 …

… 나는 영국 정치가 본서에 의하여 우리나라에 소개될 것에 대하여 큰 의의를 느끼는 바이다(pp. i–iii).

• R. M. 마키버, 『근대국가론』(*The Modern State*)

마키버는 1926년에 출판한 이 책에서 국가가 사회적 질서의 외적 조건을 규제하기 위해 공동사회(community)가 만든 결사들 중의 하나라고 보고 있다. 이러한 의미에서 국가는 수단이다. 국가의 책무는 질서를 수립하고 인간성을 존중하는 것이나 사회의 창조물이고 사회의 가치체계의 구속을 받는다. 이 책의 제1부는 국가의 발생과정을, 제2부는 국가의 권한과 기능을, 제3부는 국가의 형태와 제도를, 제4부는 국가이론의 발전과정을 기술하고 있다. 근대국가를 사회적 진화의 산물로 보고 그것의 기반이 점점 넓어지고 확고하게 되었다는 마키버의 국가론은 국가에 대한 불신감을 상당히 내포하고 있는 라스키의 국가론에 비해 국가를 보다 긍정적으로 보는 국가론이다.

• G. H. 세바인, 『정치사상사』(*A History of Political Theory*)

세바인은 이 책을 다음과 같은 시각을 가지고 썼다. 첫째, 정치이론 혹은 정치사상은 정치에 영향을 미치는 정치의 한 부분이다. 둘째, 정치이론은 (1) 사실의 판단이나 사실이 일어날 확률의 측정, (2) 정치이론을 구성하는 요소들 간의 논리적 일관성 문제, (3) 가치판단의 문제를 포함한다. 셋째, 정치이론은 시대적 문제, 가치판단, 습관 혹은 편견까지도 반영한다. 그러나 그는 정치이론이나 사상의 연구가 도덕적 가치판단 문제를 최종적으로 해결해 줄 수 있다고 보지는 않는다. 정치이론의 연구는 그 이론에 포함되어 있는 사실적 인과이론에 대해서는 오늘날의 사실에 비추어 평가할 수 있도록 도움을 주지만 우리들에게 도덕적 문제에 대해 최종적 해결책을 찾아주기는 어렵다고 본다.

이 책은 1937년에 처음 출판되었고 1961년에 제3판이 나왔다. 공삼 선생의 번역은 1950년대에 나온 제2판의 번역이다. 이 책은 제1부, The Theory of the City-State, 제2부, The Theory of the Universal Community, 제3부, The Theory of the National State로 구성되어 있다.

(3) 강의

여기서는 공삼 선생의 강의내용 중 마이클 오크쇼트의 정치론을 소개하고자 한다. 현재 오크쇼트에 대한 강의 노트를 가지고 있지 않으나 전통주의를 강조하는 그의 정치철학은 기억에 생생하게 남아 있다. J. S. 맥클랜드(J. S. McClelland)는 마이클 오크쇼트를 에드먼드 버크에 비교될 수 있는 중요한 보수주의 정치철학자라고 평가하고 있다. 그는 페비안 사회주의자였던 죠셉 오크쇼트의 아들이고 좌파의 이론적 기수였던 라스키의 후임으로 1951년부터 London School of Economics에서 정치학을 가르쳤다.[5]

오크쇼트는 정치를 사회의 arrangment를 "attending to"하는 것이라고 보고 있다. 그는 정치적 행동을 하는 두 가지 방식을 소개하고,

정치는 그렇게 되는 것이 아니기 때문에 정치를 그렇게 해서는 안 된다고 주장하고 있다. 첫 번째 방식은 정치가 아침에 일어나 나는 오늘 무엇을 하기를 원하는가 묻고 그것을 하는 것이라고 보는 것이다. 오크쇼트는 이를 정치에 대한 경험적 견해라고 불렀다. 이는 정치적 행동이 아무런 개념이나 전례도 없이 일어난다고 보는 것으로, 이는 있을 수 없는 일이다. 정치적 행동이 이러한 식으로 일어난다면 그것은 혼란만 야기시킬 것이다. 그럼에도 불구하고 이 견해를 소개하는 것은 이러한 식으로 행동한다고 스스로 생각하는 정치인들이 있기 때문이다. 소위 실용주의자들이라고 부르는 정치인들이 그들인데, 그들은 스스로를 문제가 일어나면 이를 해결하는 정치적 기술자들이라고 보고 있다. 그러나 오크쇼트가 보기에는 그들은 그렇게 행동하고 있는 것이 아니다. 우리들은 과거를 부정할 수 없고, 미래에 대한 생각 없이 행동할 수 없으며, 이러한 자세가 그들의 행동에도 내재되어 있다고 보아야 한다.

정치적 행동을 하는 두 번째 방식은 합리주의자들의 방식이다. 그들은 아침에 일어나 세상이 어떻게 되어야만 하는가를 묻고 이를 실현하기 위한 수단을 고안하고 이에 따라 행동한다. 오크쇼트는 이는 불가능한 일이고 오류라고 단언하고 있다. 그에게는 실천(practice)이 원칙이나 이념(doctrine)에 앞서 있는 것이지 후자가 전자의 앞에 있는

5 J. S. McClelland, *A History of Western Political Thought*(London : Routledge, 1996), p. 741.

것이 아니기 때문이다. 정치적 이데올로기가 정치적 실천의 아버지가 아니라 정치적 이데올로기가 정치적 실천의 의붓아들이기 때문이다.

오크쇼트가 보기에는 정치는 이 두 가지 견해가 각각 상정하고 있는 것보다는 훨씬 더 복잡하다. 경험주의자들은 그들이 전례에 유의하고 미래를 생각하고 있다는 것을 인식하지 못하고 있고, 합리주의자들은 그들의 순수한 원칙이나 이념도 전적으로 새로운 창조물이 아니라 과거의 전통에 부분적으로라도 기반하고 있다는 것을 인정하지 않으려고 한다.

오크쇼트의 주장이 보수주의자들에게만 유용한 주장은 아니다. 그의 주장은 좌파들에게도 유용하다. 그들도 그들의 좌파 이념이나 이에 입각한 행동이 과거의 전통으로부터 나온 것인지의 여부를 검토할 수 있기 때문이다. 버크는 휘그(Whig)파였지만 토리들(Tories)이 그의 주장을 수용한 것과 마찬가지로 오크쇼트의 전통주의적 주장을 노동당 지지자들이 수용할 수도 있는 것이다.

오크쇼트가 원칙, 이념, 이론보다 전례, 실천, 전통을 우선시했다고 해서 전자를 무시하는 것은 아니다. 예를 들어, 요리책이나 포도주 감상법은 이미 요리를 많이 해보아서 요리를 할 줄 아는 사람이나 포도주를 마시고 즐길 수 있는 사람들에게 유용한 것이지, 전혀 요리를 해본 적도 포도주를 마셔본 적도 없는 사람들에게는 유용하지 못하다.

그렇다면 정치는 어떻게 해야만 하는 것인가? 정치는 우리들이 역사를 가지고 있다는 것을 충분히 인식하고서 해야 한다. 우리들은 우리들의 정치적 전통에 대한 지식을 가져야 하고, 대학에서의 정치학 교육도 이를 중심으로 이루어져야 한다. 자기 나라 정치에 대한 역사적 연구, 다른 나라 정치에 대한 역사적 연구, 그리고 정치에 대한 철학적 연구가 대학의 정치학 교육의 중심내용이 되어야 한다.

오크쇼트는 정치를 하는 적절한 방식으로 "예시의 추구"(the pursuit of intimations)를 주장하였다. 예시를 추구한다는 것은 정치적 실천에서 오는 것으로, 과거에 택한 어떠한 정책에 따라 이에 부합하는 어떠한 조처가 현재에 취해져야 하고 또 미래에도 이것이 추구되어야만 한다는 것을 인식하는 것이다. 예를 들어, 영국에서 여성들의 선거권 획득 같은 문제는 여성들이 이미 다른 면에서는 남성과 동등한 권리를 획득하였으나 선거권은 획득하지 못한 상황에서 이것도 획득해야 한다는 예시가 있었기 때문에 선거권을 획득한 것이지, 자연권이라든가 정의라든가 하는 추상적인 주장에 기반해서 여성들이 선거권을 획득한 것은 아니라는 것이다.[6]

6 Michael Oakeshott, *Rationalism in Politics and Other Essays*(London : Methuen & Co LTD, Barnes & Noble Books, 1962), pp. 111-136. 여기에는 Oakeshott의 1951년 LSE의 교수취임 연설인 "Political Education"이 실려 있다.

3. 공삼 선생의 연구업적과 문제의식

이상 공삼의 연구업적 소개로부터 우리들은 그의 정치학이 당시의 정치현실과는 좀 거리가 있는 정치학이었다는 일각의 평가에는 수정이 필요하다는 것을 알 수 있다. 공삼은 "한국의 정치현실에 크게 아랑곳하지 않은" 정치학자가 아니다. 그는 한국의 정치현실에 대해 깊이 사색하였고, 그의 정치학은 이를 반영하고 있다고 말할 수 있다. 그의 연구업적은 그가 최소한 다음과 같은 세 가지 문제의식을 가지고 있었다는 것을 나타낸다. 첫째는 신생 대한민국에 어떠한 정치학을 수립해 나갈 것인가의 문제의식이고, 둘째는 어떠한 국가를 세울 것인가의 문제의식이며, 셋째는 어떠한 민주주의를 발전시킬 것인가의 문제의식이다. 이 세 가지 문제의식은 오늘날에도 한국의 정치학자들이 견지하고 있어야만 하는 문제의식이고, 대한민국이 출범한 지 얼마 안 되는 공삼 선생의 시대에도 두말할 필요 없이 중요하고 시급한 해답을 요하는 문제의식이었다. 바람직스러운 시작을 해야만 바람직스러운 발전을 할 수 있기 때문이다. 이 세 문제에 대한 공삼 선생의 생각은 연구업적 내용 소개에 이미 나와 있지만 다시 한 번 정리해 보기로 한다.

공삼 선생은 신생 대한민국에 어떠한 정치학을 수립하고자 했는가? 공삼 선생은 한국 정치학을 구미에서 정치학이 발전한 바와 같이 발전시키려고 하였다. 구미의 정치학은 상당히 오랫동안 그리스 시대부터 현대까지의 정치이론사, 정치사, 정치제도사를 중심으로 하는 정치학이었고, 구미의 과학주의 정치학은 20세기에 들어와 발전되기 시작한 정치학이다. 다시 말해, 구미의 과학주의 정치학은 전통적 정치학의 기반 위에 서 있는 것이다. 당시 한국은 전통적 정치학의 기반이 없었고, 이러한 상황에서 과학주의 정치학만을 수용한다면 한국정치학은 기형적으로 발전하였을 것이다. 공삼의 입장은 전통적 정치학을 수립해 가면서 과학주의 정치학을 그 한계를 명확히 인식하고 받아들여야 한다는 것이었다.

공삼 선생은 정치학은 그 대상의 성격이 자연과학과 다르기 때문에 자연과학과 같은 법칙정립적 학문이 될 수 없다고 주장하였다. 그러나 그는 이렇게 강조하면서도 과학주의 정치학을 수용할 것을 권고하고 있다. 즉 "서양학자들이 제시한 정치권력에 대한 개괄은 서양문명에서 생활하는 인간에게 적용될 수 있으며, 여론조사와 행정학의 제안은 민주제도가 고정화된 미국에서 유효화될 수 있으며, 수요와 공급의 법칙은 현대 문명에서나 통용될 수 있는 것이지"[7] 이러한 법칙들이 시공을 초월한 보편적 법칙이 될 수는 없는데, 정치학은 과학주의 정치학의 이와 같은 한계를 인식하면서 과학주의 정치학의 법칙정립적 정향을 수용해야 한다고 주장하였다.

공삼 선생은 정치학자들이 정치현상을 연구하는 데 있어 철학, 역사학, 법학, 경제학, 사회학, 심리학 등의 연구결과뿐만 아니라 자연과학의 연구결과도 수용할 것을 촉구하였다. 정치현상이 다각적인 성격

7 민병태, 앞의 책, p. 93.

을 가지고 있기 때문에 정치학은 다원적 방법론에 의존해야 한다는 것이 공삼 선생의 생각이었다.

특히 공삼 선생은 정치학이 정치적 현실을 가치문제에 결부시켜 체계화하는 학문이라고 규정하고, 가치문제를 다루는 데 있어서는 규범적 · 철학적 방법의 도움을 받아야 된다고 주장하였다. 그러나 그는 가치문제가 사회과학 분야의 연구에 어떻게 관련되는지에 대한 막스 베버의 견해를 소개하는 것을 제외하고는 가치문제를 해결하는 방법을 제시하지 않았다. 막스 베버의 견해는 아놀드 브레히트가 수용하여 그것을 과학적 가치상대주의(scientific value relativism)로 재정리했지만, 이 견해도 가치는 최종적으로는 우열을 판단할 수 없다는 베버의 입장을 재확인하고 있을 뿐이다.[8] 공삼 선생은 정치를 이해하고 개선하는 방법으로 라스키와 오크쇼트의 정치학이라는 두 모델의 정치학을 제시하였다. 공삼 선생 하면 라스키가 떠오를 정도로 그의 정치학을 한국에 소개했으나 1966년의 정치학 특강에서는 라스키의 정치학을 부정하는 오크쇼트의 정치학을 당시 정치학과 학생들에게 소개하였다. 라스키는 정치를 어떤 비전에 따라 개혁해야 된다는 합리주의자였고, 오크쇼트는 이러한 개혁에 반대하고 전통에 따른 정치, 혹은 전통에 따른 개혁을 주장한 전통주의자였다.

8 Arnold Brecht, *Political Theory : The Foundations of Twentieth-Century Political Thought*(New Jersey : Princeton University Press, 1959), pp. 117-135. 김영국 선생이 가치문제에 대한 Brecht의 접근법을 필자가 대학원에 다닐 때 소개하였다.

다음, 공삼 선생은 대한민국에 어떠한 국가가 수립되어야 한다고 생각했는가? 앞서 지적한 바와 같이 공삼은 국가도 결사들 중의 하나라고 보는 국가다원론 혹은 정치적 다원론을 1950년대부터 소개했고,[9] 이 이론은 당시의 한국 현실에는 맞지 않는 주장이었다. 당시 한국에는 근대적 의미의 독립적 결사는 아직 없었고, 국가는 결사들과는 비교가 안 될 정도로 막강한 권한을 행사하고 있었다. 오늘날의 정치학자들은 당시의 국가를 과대성장 국가라고 부르기도 한다. 그렇다면 공삼 선생이 우리에게는 맞지 않는 국가다원론을 소개한 이유는 어디에 있는가? 국가다원론이 당시의 한국에는 맞지 않지만 한국이라는 국가가 앞으로는 국가다원론에서 보는 국가로 변하는 것이 바람직하다고 본 것인가? 우리들은 이 문제에 대해 아마 그랬을 것이라고 긍정적인 추측을 할 수 없다. 공삼 선생은 국가다원론을 부정하는 두 가지 다른 국가이론을 그의 번역서들을 통해 정치학계에 소개하고 있기 때문이다.

공삼 선생이 번역한 『정치학 강요』는 정치학과 학생들이 정치학의 바이블(Bible) 비슷하게 애독하던 책이다. 이 책에서 라스키는 국가가 인간의 요망을 가능한 한 큰 규모로 만족시키는 사회의 가장 중요한 도구라고 주장하고 있다. 라스키는 국가도 결사들 중의 하나라는 그의 초기의 주장을 철회하고 있는 것이다. 그러나 라스키는 그후 『국가론』과 『정치학 강요』 서장에서 국가는 계급지배의 도구라는 마르

9 배성동, "민병태 교수의 Pluralism 특강," 『한국정치연구』 제7호, 1997, pp. 1-23 참조.

크스의 견해를 그대로 수용하고 이전의 그의 견해에 다시 수정을 가하고 있다. 다시 말해, 공삼 선생은 1950년대에 다원국가론만을 소개한 것이 아니라 국가중심론과 계급국가론도 정치학계에 소개하였다. 어떠한 국가론이 한국의 현실에 맞고 바람직한 국가론인가에 대해서는 학생들의 판단에 맡겼다고 볼 수 있다.

공삼 선생은 국가의 본질을 국가의 역사와 국가에 대한 이론사를 통해서 규명할 것도 촉구하였다. 그는 국가의 본질을 그리스의 폴리스, 중세기의 봉건질서, 교권과 속권의 대립기를 거쳐 국가가 성립되는 과정에서, 다른 한편으로는 그리스, 중세기의 정치이론가들, 그 후 장 보당, 그로티우스, 루소, 벤담, 오스틴, 예리네크, 윌로비 등과 같은 국가 이론가들에게서 찾아보아야 한다고 주장하였다.

마지막으로, 공삼 선생은 신생 대한민국에 어떠한 민주주의를 발전시켜야 한다고 생각했는가? 이미 소개한 바와 같이 그는 『정치학』의 제4편에서 민주주의를 사회철학과 제도의 양면으로 나누어 원론적으로 기술하고 있다. 세바인의 『정치사상사』는 민주주의 이념이 어떻게 발생해서 어떠한 도전을 받고 어떻게 발전했는가를 자세히 기술하고 있다. 공삼 선생은 그의 『정치학』에서는 민주주의의 사회철학으로 17세기 영국의 수평파들, 즉 밀톤, 로크, 루소, 벤담, 케네, 아담 스미스, 영국의 이상주의자들의 사상을 들고, 민주주의의 진수는 사회의 여러 집단들의 이해관계를 토의에 의해 조정하는 데 있다고 주장하고 있다. 그는 경제적 민주주의 문제는 마르크스의 방식이 아니라 소유자 집단과 노동자 집단이 경영에 공동 참여하는 방식으로 해결할 것을 권고하고 있다. 정치적 자유와 경제적 평등은 대립된 체계로서가 아니라 병행할 수 있는 노선이 되어야 한다고 말하고 있다. 민주주의의 제도로는 헌법, 권력분립, 다수결 원리, 대의제도, 선거, 정당, 여론, 대중교육제도 등을 들고 있다.

공삼 선생은 잡지에 기고한 글들과 번역서에서 한국 민주주의의 발전방향에 대한 그의 생각을 피력하고 있다. 공삼 선생은 이승만 대통령이 직선제 개헌으로 당선된 후인 1953년에 쓴 글에서 민주주의는 선거를 통해서 보장되는 것이 아니라, 대의제도가 사회적 구속을 받고 사회 여러 집단들의 이익을 실현해 줄 때에 한하여 보장되는 것이라고 주장하고 있다.

그는 1955년에 번역한 『영국헌정사』 서문에서 헌법은 민주주의 원칙을 지키는 한 언제든 개정해도 좋다고 주장하고 있다. 공삼 선생이 영국 정치사상과 영국의 정치제도에 호감을 가지고 있었던 만큼 이러한 주장은 의원내각제 개헌을 지지하는 의미를 가지지 있지 않았나 추측해 본다. 헌법상 참의원의 존폐문제에 대한 논의가 있었던 1956년 말에는 공삼 선생은 이를 그대로 존속시키고 참의원 의원은 도 단위의 대선거구에서 선출해 민의원에 선출되는 사람들과는 다른 부류의 사람들이 참의원 의원이 되도록 해야 한다고 주장하고 있다.

공삼 선생은 이승만 정권 말기인 1958년 말에 쓴 글에서 민주주의의 다수결의 원칙은 현대 메커니즘의 발달로 소수결을 가능케 하고 있고, 여론은 인위적으로 조작되고 있으며, 정당제도와 대의정치는 여기에 게재하는 복잡한 과정으로 민의를 반영하지 못하고 있고, 국가기능은 미증유의 확대경향을 보이고 있다고 비판하고 있다. 그는 민주주의의 이와 같은 타락은 민주주의가 해결해야 할 문제가 매우 어렵다는 것을 의미한다고 지적하고 있다.

공삼 선생은 1959년 중반에 쓴 글에서 대의제도, 정당활동, 선거등이 대중의 정치참여 방식으로 충분하지 않아 압력단체가 나타났다고 지적하고 압력단체들 간의 대립과 분쟁을 조정하기 위해서는 정당의 적극적 활동이 필요하다고 주장하고 있다.

4 · 19 후 내각책임제 개헌이 이루어지고 민주당이 선거에 압승한 후에 쓴 글에서 공삼 선생은 영국을 모델로 한 내각책임제의 발전 방향을 제시하고 있다. 그는 내각책임제가 성공하기 위해서는 여야당 간의 정권교체가 이루어져도 신여당이 구여당의 좋은 정책은 그대로 유지해야 하고, 관료의 중립성과 능률성을 확보해야 하며, 정부를 감독하는 야당이 있어야 한다고 강조하고 있다. 민주당이 선거에 압승하여 야기된 야당 부재상태에 대해서는 민주당을 분당하여 보수양당제를 수립하든가, 민주당 내에서 정권담당자의 교체가 일어나도록 하든가, 각료의 다수를 당 외에서 임명하여 민주당이 그들을 감독하도록 하든가의 세 가지 방법 중 하나로 해결할 수 있을 것이라고 제안하고 있다.

2

공삼 민병태 선생의 학문세계

민병태 교수의 강의

배성동(전 서울대학교 정치학과 교수)

1. 머리말

필자는 『韓國政治研究』 제7호의 민 교수 20주기 추모 특집에 「閔丙台 교수의 'Pluralism' 특강」이란 제목의 글을 실었다. 그것은 민 교수가 당시의 학생들에게 어떤 내용의 강의를 하였는가를 기록으로 남기는 것도 의의가 있다고 생각하였기 때문이다. 대부분의 학생들이 대학생활을 마감하면서 강의 노트를 보관하지 않는다. 필자도 모든 강의 노트를 보관한 것은 아니다. 그런데 민 교수의 학부 강의 중 위의 강의와 구주정치사상사 그리고 대학원 노트가 남아 있었다. 민 교수가 강의를 충실히 하여서 그 노트 양이 많았던 까닭도 있겠지만, 민 교수의 강의를 듣는 데 무진 애를 먹었던 것이 노트를 남긴 연유인 것 같기도 하다. 제7호에도 썼지만 1956년 정치학과에 입학하여 6년간

민 교수의 강의를 들었다.

1학년 1학기 정치학개론 강의를 처음 들었을 때 정말 당황하였다. 선생님은 눌변(訥辯)에 속하는 편이다. 말씀의 끝자락이 분명하지 않을 뿐더러 논리적인 전개라고는 할 수 없고 약간 중언부언하셨다. 아마도 빨리 말씀을 하시니까 한번 더 강조하거나 짚어주신 것이었다고 생각된다. 당시 문리과대학 본관 양쪽 끝에 7 · 8 강의실이 있었는데, 백 명 넘게 들어가는 대형 강의실이었다. 나는 시력이 좋지 않았고 강의실에 전기가 들어오지 않을 때도 있었기 때문에 될 수 있는 대로 앞쪽에 앉았다. 중요한 사항이나 사람 이름은 칠판에 써주셨는데, 그것이 그렇게 정연하지 못했다. 당시 몇 분 다른 교수들은 학생들이 그대로 받아 적을 수 있는 정도의 속도로 읽어주셨다. 그러나 이런 강의법은 별로 재미가 없었다. 사회학과의 저명한 이상백 교수나 지리학과의 육지수 교수 같은 분은 짐작하건대 일본 책을 가지고 강의하시는데, 그 자리에서 이리저리 엮고 번역을 하시다 보니까 천천히 말씀하시는 것 같기도 했다. 민 교수는 강의 노트를 해오셔서 강의하셨다.

1학년의 정치학개론이나 2학년의 구주정치사상사(歐洲政治思想史) 강의는 정신 없이 받아 써가지고 집에서 다시 노트를 정리하였다. 교과서가 없었기 때문에 정확성을 기하기 위해 일본의 헤이본사(平凡社)에서 나온 『정치학사전』을 많이 참작하였다. 뒤에 생각하면 선생님의 강의가 그랬기 때문에 공부를 더하게 되지 않았나 싶다. 2년 동안 호된 훈련을 겪어서인지 3학년 때부터 강의실에서 노트 정리가 가능하였다. 그것이 'Pluralism 특강' 이었다. 학부 강의를 하나 남겼으니까 이번에는 대학원 강의 노트를 정리해 볼까 한다. 석사과정에서는 2

학기 동안 강의를 들었다. 1960년 1학기에 '현대정치이론', 2학기에 '민주주의의 재검토'를 듣고 3학기 때는 강독 겸 세미나를 했다.

〈현대정치이론〉

이 강의에서 민 교수는 H. R. G. Greaves의 *The Foundations of Political Theory*(George Allen & Unwin LTD, 1958)를 교재로 썼다. Greaves는 London School of Economics and Political Science의 교수로서, 학생들을 가르치는 과정에서 흔히 문제로 제기되는 '국가론'을 이 책의 첫 장에서 다루고 있다. 민 교수는 1958년에 간행된 그의 『정치학』(보문각)의 제2장 제2절에서 '국가학과 정치학'을 다루고 있다.

> … 법을 실정법으로서만이 아니라 그것을 발전케 하고 법이 무엇에 의하여 규제되는가를 구명하는 대륙의 법률철학이 수백 년간 정치학의 영역을 담당하여 온 것을 고려할 때, 우리는 제19세기에서 제20세기에 이르는 독일의 국법학(Staatslehre)이 공법학자들에 의하여 대성되었다는 사실을 이해할 수 있을 것이다(23면).

1945년에서 1948년에 이르는 대한민국 건국과정에서는 헌법을 만들면 국가가 성립한다고 알고 있었다. 당시 정치학의 전통과 축적이 거의 없었기 때문에 건국이나 헌법제정 과정에서 정치학적 고려나 참고는 없었다. 위의 인용문에서 알 수 있듯이 법철학을 전공하는 학자들이 더러 있었더라도 국가를 건설한다는 문제가 단순하지 않다는 문제의식이 있었을 것이다. 일본 지배 아래에서 한국인은 국가의 문제를 다루거나 정치학적인 사고는 거의 하지 못했다. [10여 년 전 김학준 교수와 함께 일제시대, 한국인으로서 정치학을 전공 또는 대학의 정치학과에 적을 두었던 분이 몇 명이나 될까 하고 헤아려 본 적이 있다. 열 분을 꼽기가 힘들었다. 민병태 교수는 게이오(慶應) 대학의 학부와 수사(修士=碩士)과정에서 정치학을 전공하셨다.]

> **국가를 지배현상**(Herrschaft) **또는 권력체제**(Machtwesen)**로 규정하며 그 기원, 목적, 본질, 국가의 존재이유**(raison d'etre)**, 윤리, 경제, 재정 등을 종합적으로 연구할 수 있으나 어떠한 국가든지 법률로 통치된다는 전제에서 점점 국가의 권력관계를 법 개념에서 구명하는 데 치중하게 되었다**(같은 책, 23면).

민 교수는 국가의 여러 가지 문제를 정치학적으로 접근할 것을 주장한다. 우리 학생들은 이미 학부에서 그가 국가와 사회를 구분하면서 사회의 영역을 강조하는 강의를 들은 바 있다. 지금 학생들에게는 오히려 이상하게 들리겠지만 국가가 관여하지 않는, 혹은 못 하는 영역이 있다는 말은 당시의 학생들에게는 지동설(地動說)과 같은 충격을 주는 새로운 이론이었다. 본지 제7호에 'Pluralism' 강의 노트가 실린 것을 보고 그 의미를 이해하지 못하겠다는 말을 들은 적이 있다. 당시 단원적(monism)이고 monolithic하던 한국 사회에서 다원론(多元論)은 현실이 아닌 이상(理想)이었으며, 정치학적인 사고나 접근은 참신한 것이었다. 민 교수는 특별한 해설 없이 우리들에게 (새로운) 정치학을 가르쳐 주셨던 것이다.

Greaves의 책은 1958년에 출간되었으므로 민 교수가 그의 『정치학』을 집필할 때 참조하지 못했다. 이 책을 입수하자 곧 석사과정의

'현대정치이론' 에서 교재로 쓰신 것이다. 나의 노트에 의하면 11장으로 구성된 그 책의 5장까지 다루었다.

민 교수의 introduction

산업 · 기업가를 주축으로 한 bourgeoisie가 initiative를 취하여 이룩한 democracy의 시대는 그야말로 golden time이었다. 그들이 장악한 political power는 안정되어 있었고 고도의 경제발전은 그들의 권력을 영구히 유지할 수 있을 것처럼 보였다. 팽창시기에 있어 독점이니 과점은 문제되지도 않았다. 적자생존의 Darwinism이 진리로 군림했었다. 그러나 교육이 보급되고 문화가 발전하는 한편 생활이 어느 정도 안정된 노동자들의 수가 증가하자 이들은 하나의 계급 identity를 가지고 bourgeoisie의 일방적인 지배와 수탈에 대하여 도전하기 시작했다. 이에 대하여 인간적인 동정파가 생겼으며 전략적인 보호자(Bismarck)도 있어서 점차 선거권을 확대해 주었다. 그 결과 갈등은 증폭되었고 해결은 어려웠다. 세계적 규모의 전쟁은 자본주의의 모순으로 일어났다고 하지만 전쟁의 여파가 혁명이라는 체제변화로 귀결될 줄은 몰랐다. 어쨌든 국가와 사회는 복잡하게 되었고 법치만으로 문제는 해결되지 않았다.

여기에 정치학이라는 새로운 학문의 분야가 일어난다. 구미에서 정치학적인 어프로치는 겨우 몇 십 년의 경험에 그치며 앞으로는 사회의 다원화와 함께 정치학도 복잡한 접근들이 등장할 것이다.

I. The State : Definitions

Aristotle은 국가가 자연히 만들어진 것이고 인간은 정치적 동물이며 인간의 만족스러운 생활을 위해 국가가 필요한 것이라고 함.

Augustine은 국가의 기원을 원죄(original sin)에서 찾는다. 인간이 악함을 면하려면 authority 아래 살아야 하는 것.

Thrasymachus는 국가란 강자의 지배체제라고.

Herbert Spencer는 원시의 고대에는 국가가 없었으며 따라서 결국 국가는 소멸한다고. 이것은 Marx와 일맥상통.

Hegel은 국가를 신의 지상강림(地上降臨)으로 봄.

Bosanquet는 국가를 도덕적 질서의 구현으로 봄.

Lindsay는 국가를 분규해결의 합의 과정이라고.

이상과 같은 정의들을 인용할 수 있지만 사실 오늘날의 시민들은 국가가 무엇이라는 것을 일상생활을 통해서 알고 있다. 자기가 살고 있는 영역이나 조직이며 국제사회에 있어서는 어떤 나라가 국가이고 어떤 나라가 국가가 아닌지 명백하다. UN이 정착되면서는 그 회원국이면 국가로 인정된다. 국가는 분명한 영토를 가진 조직체로서 질서(법)가 있고 권위(authority & sovereignty)가 있어야 한다.

그런데 오늘날 주권은 과거의 한때처럼 절대적이지는 않다. 인간의 자유의 영역이 확대되는 추세에 있다. 자유라는 것은 국가의 제약을 벗어나는 의미를 가진다. 국제사회의 확대·발전도 국가주권을 제약한다. 국제법은 국내법과 다르지만 주권을 제한하며, 국제 간의 조약이나 협약도 그러하다.

과거에는 법은 정의이고, 따라서 그것을 지키지 않는 것은 도리에 어긋나며 질서를 파괴하는 것이라고 했으나 사회의 다양한 발전에 따라 법의 효력이 미치지 못하거나 법만으로 다룰 수 없는 영역이 생겨난다. 오늘날 법은 개폐되고 변하는 것이다. 국가의 기본이 되는 헌법조차 정치적인 변화에 따라 개정된다.

다시 말하면 사회가 다원화할수록 국가의 주권과 법의 강제력이 미치는 범위는 좁아진다. 이전의 democratic process of politics도 con-societal process와 병존케 된다.

> … we have no need to regard the state as in any way a mysterious formation having supernatural or metaphysical characteristics (p. 16).

> It is true that Bosanquet is here referring to the state in its external relations, and that he elsewhere restricts its internal use of force to the 'hinderance of hindrances' to free moral development (p. 17).

개인은 태어나면서 어느 국가에 속하게 된다. 마찬가지로 가족이나 지역사회에 속하고 혹은 종교를 가지게 된다. 개인적인 인간관계의 형성이나 단체(association)에 가입하여 활동할 수 있다. 국가가 다른 단체에 비하여 더 큰 영향력을 발휘하는 것을 부인할 필요는 없다. 그 영향력 가운데서 권력자의 자의(恣意)는 배제되는 것이 좋고 단체나 개인 간의 분쟁이나 이해관계를 조정하는 것은 바람직한 것으로 보아야 한다.

이것은 Hobbes류의 국가관과 상치되며 Burke나 Hegel 같은 사상가의 시대를 뛰어넘는 현실인식이며 이론이다. 현대는 국가의 개인을 위한 도덕적 규범의 확립을 위한 function을 중시하는 것이다.

> Figgis, for instance, spoke of the 'corporate personality' of societies other than the state, asserting that 'this unity of life and action is a thing which grows up naturally and inevitably in bodies of men united for a permanent end', and that 'this real life and personality' is something which they possess by the nature of the case and not by the arbitrary grant of the sovereign (p. 26).

II. Foundations and Criteria

Thomas Aquinas가 말했듯이 인생관에 따라 정치적 이상은 달라진다. 삶의 목적이 쾌락이거나 권력 또는 명예라고 할 때 사람들은 국가가 편안한 생활을 보장해야 한다든가, 커다란 부(富)를 이룰 수 있게 한다든가, 또는 권력을 갖게 하여 많은 사람을 거느리게(lord) 해주기를 바란다. 시민이 국가의 차원이 아니고 자발적으로 가담한 단체의 수준에서 그러한 목적을 고려하게 되면 접근방법이 달라진다. 각자는 자기가 해야 할 몫을 따지게 되며, 그것이 자기 능력에 맞지 않으면 목적 자체를 스스로 수정하게 된다. 국민의 한 사람이란 표현과 단체의 일원이란 표현에서 차이가 나는 것을 감지할 수 있다. 말하자면 사회단체 차원에서 여러 가지 유연성이 증대되는 것이다. 유연성이란 바꿔서 말하면 막연하다고 해도 된다. 각자가 주장을 내세울 때는 그것이 강해 보이다가도 여러 사람의 의견을 절충하며 단체의 의

사로 귀결될 때는 애매하게 되는 경우가 많다.

> … human nature is so complex and various that any generalization about it must, if true, be too vague to have any useful meaning (p. 32).

우리가 흔히 Plato, Aristotle로부터 Green, Hobhouse 그리고 Laski에 이르는 정치이론들을 두고 어떤 기초(foundation)를 잡거나 공리(公理)를 세우려고 하는 것은 의미가 없다(valueless). 예를 들면 '우리가 국가에 복종하는 이유는 무엇인가?', '어째서 민주정치가 독재보다 나은가?', '어떻게 사람들을 죽음의 수용소로 데려갈 수 있는가?', '자유와 권위가 서로 사이좋게 되자면?' 이런 질문들은 이제 이론으로 따질 거리가 못 된다(논리를 편다면 결국 tautology가 되고 말 것이다).

어떤 사안이나 문제에 대한 판단에 절대적인 기준은 없다. 국가나 사회, 역사에 따라 가치판단은 달라진다. 종교를 가진 사람과 그렇지 않은 사람 간에는 많은 문제에 있어 인식과 판단에 차이가 난다. 국가에 따라 이념이 다르다. 그 사회에서 어떤 것에 오래 동안 가치를 부여해 왔다면 다른 사회가 편견이라고 판정할지라도 그 사회에서는 통념이 된다.

> … the political theorist will not have to invent criteria for appraising the behaviour of officials and politicians or assessing the merit of party programmes … Now it is true that there are many such criteria, constantly being applied and we rarely think to question them

> … security of person and property, orderliness and predictability in human relations, satisfaction and so on (p. 36).

중요한 것은 그 사회에 지능적(intelligent)이고 합리적(rational) process가 존재하는가의 여부이다. 그런 가운데 개성과 취향의 차이에 의해 다른 인식과 판단이 서게 되는 것은 별 문제가 아니다. 문제는 어떤 사회가 자기만의 주장을 고집하는 것이다. 인간은 장기간 세뇌되거나 타성에 젖으면 지능과 합리적 판단을 모두 잃게 된다. (R. H. Tawney, *Religion and the Rise of Capitalsm*, Pelican Books, 1926, 그리고 T. D. Weldon, *The Vocabulary of Politics*, Pelican Books, 1953은 정치학도 필독의 책들이다.)

정당은 이념과 정책을 자기 나름대로 정립하여 강하게 주장하는 단체이다. 그러나 정당도 시대와 환경, 그리고 정책의 효과에 따라 변하는 것이다. 불변의 진리를 주장하는 것은 종교와 다름없다. 그리고 다원사회에 있어서는 여러 개의 정당이 존재하는 것이 상례이다.

III. Purpose

a) The Good Life

국가의 목적을 다루면서 하나의 포괄적이고 자명한 공리(axiom)를 도출하려는 것은 아니다. 어떠한 원리가 나온다고 할지라도 그것이 시대와 장소를 가리지 않고 실질적인 문제를 해결해내는 그런 것은 아닐 것이다. 우리가 찾고자 하는 것은 어느 정도의 규칙성이 있고 발상의 일관성이 있는 사고(사상)이다. 어떤 연구든지 부분적이며 한

시적이고 또한 불완전하다는 인식 아래 다만 꾸준히 해나가는 것이 중요하다.

첫째, 개인에 대한 관심과 연구이다. 그러자면 생물학이나 심리학도 연관될 것이다. 그 다음으로 개인의 주변관계, 인간과 사회생활로 넘어가면서 제도와 규칙 등을 검토하되 개인의 욕구와 기대를 어느 정도 충족하는가의 문제를 저버리면 안 된다. Aristotle이 말한 바, 국가가 시민의 복지증진과 같은 좋은 생활을 위하여 존재한다고 정의하는 것은 참으로 맞는 말이지만, 이처럼 당연한 정의는 정치의 이론으로 다루기보다는 진리에 해당하는 것으로 시비거리가 아니다(it may mean anything or nothing). 그러나 Aristotle로부터 정치학이 시작된다고 보는 것은 Hobhouse가 지적했듯이 정치의 윤리성을 문제로 삼았기 때문이다. Bertrand de Jouvenel은 정치학을 social science라기보다 moral science로 보는 것을 주목해야 한다고 했다. 도덕적 문제는 사회 전반에 걸친 것이기 때문에 불가피하게 정치학은 사회학과 연관된다. 따라서 Ginsberg는 먼저 인간의 욕구와 충족 능력, 그리고 그 다음으로 사회협동의 연구를 강조하는 것을 이해할 수 있다.

이 정도의 논의로써 자명해지는 것은 인간에게 있어서 국가 그 자체가 목적이 아니며 국가는 오히려 인간이 목적을 달성하기 위하여 만들어낸 기구라는 사실이다. 그러므로 국가도 다른 사회조직이나 국가나 마찬가지로 사회협동의 system의 하나로 간주하는 것이 좋겠다.

자아실현(self-realization) 혹은 욕구충족에 있어 Green으로부터 Hobhouse나 Laski에 이르는 사상가들은 그것을 적응(adaptation)이라는 측면에서 접근했다. 즉, 정신과 육체로 나누어 본 만족도, 행동과 사고라는 차원의 상호 연관에서 조화와 통일이 이루어지는 것을 적응이라고 본다. 정치과정에서 문제가 일어나고 그것이 복잡해지는 것이 상례이며, 이때 양면을 모두 들추어 조정하는 것이 바람직하다. 일찍이 Thomas Aquinas는 "the perfection of virtue results from the conformity of habit and reason"이라고 했다. T. H. Green은 "self-satisfaction is forever sought and found in the realization of a completely articulated or thoroughly filled idea of the perfection of the human person" (p. 48)이라고.

b) Happiness

국가가 그 성원의 욕구를 만족시켜 주는 instrument라고 할 때 국민이 happy하면 선(善, good)이라고 할 수 있는가? 또한 선하다고 판단하면 그로써 happy한 경우도 생각할 수 있다. 이러한 관점은 다음에 자세히 논하겠지만 utilitarianism과 연관되나 진정한 happiness가 왜곡될 수도 있다.

> … you are to regard as pleasure whatever a man regards as a satisfaction or pleasure for him, and that is for him the good (Bentham, p. 50).

Hobhouse는 행복은 의식적으로 추구되는 것은 아니라고 했으며, 어떤 사람은 행복이 다른 목적 추구의 부산물일 수도 있다고 했다. 다른 사람은 행복이 공리주의자의 주장처럼 모든 연관된 행복의 총화가 아니라고 했다. 사실 행복이란 주관적이거나 객관적인 것도 아닌 대단히 애매한 것이다.

Bacon이 말했듯이 'knowledge is power.' 진리를 사랑하는 사람은 depression에 빠져들지 않을 수 있다. 진리를 의심하게 되면 힘이 쑥 빠지게 된다. 그러므로 정치적인 문제를 논함에 있어 golden rule은 없다고 생각한다. 우리가 정치학을 연구하는 것은 어떤 불휴의 진리를 찾거나 원리를 세우려는 것이 아니다. 국가의 기능은 무엇이며 권력의 정당성이 어떻게 이루어지는가? 행복과 연관지어 볼 때 결과보다도 과정의 중요성이 부각될 수 있으며, 약간 덜 행복하더라도 정부의 정직함을 확신하게 되면 정당성을 부여할 수도 있는 것이다. 행복을 추구하는 가운데서도 altruism이 곁들여지면 결과에 만족할 수도 있다. fundamental한 것을 지키는 것이 그것을 훼손해 가며 약간의 행복을 얻는 것보다 낫다고 생각하기도 한다. 굶으면 괴롭다는 것을 알지만 단식투쟁을 높이 평가하는 사회에서는 흔히 그렇게 한다.

c) Utilitarianism

공리주의는 좁은 의미의 직접적인 쾌락을 추구하는 hedonism과는 다르다. Bentham이 정립한 공리주의는 육체적인 만족에 더해 정신적인 만족(the pleasure of the soul)을 포함한다. 예를 들면 포시(布施, benevolence)는 자기의 이익을 감소시키는 것이지만 만족도가 높은 행위일 경우를 생각할 수 있다. 사람은 다른 사람이 기뻐하는 것을 봄으로써 스스로도 기쁜 그런 동물이다. altruism! 예외는 있다. 네로는 빈민촌이 불타는 것을 바라보며 시를 읊었던 것이다. Bentham은 인간의 행위가 좁은 범위에 그치지 않고 다수에 영향을 미치는 것을 중시한다. 즉, '사회적인 것' 의 가치이다. 인간은 인간에 대해서 뿐만 아니라 동물에 대한 지원이나 사랑에서도 기쁨을 느낀다. 공리주의는 잘못된 경우를 옹호할 수도 있다. hedonism에 가까운 즐김을 utilitarianism으로 착각하는 경우이다.

중요한 것은 공리주의가 쾌락의 사회성을 강조하고 가능한 한, 최대의 행복을 추구하는 것을 미덕으로 삼은 데 있다. 사회가 유지되는 데 있어 도덕이나 법에 위반되는 경우, 처벌한다든가 수모를 줌으로써 그러한 행위를 막을 수 있을 것이다. 그러나 공리주의는 인간의 사랑, 남을 위하고 서비스를 함으로써 기쁨을 느끼고 행복해질 수 있다는 밝은 면의 사고요, 접근이다. 사람의 자선행위가 한 번에 그치지 않고 생활 가운데 일반화된다면 그 사회의 행복지수는 지속적으로 높을 것이다.

> With the growth of sympathy, imagination, and social consciousness, there is a widening circle of those in whose happiness we recognize our own as being involved (p. 57-8).

공리주의에 있어 다음 단계로 중요한 것은 상호성 원칙(the principle of reciprocity)이다. "Do as you would be done by" (p. 58). 논어에 "己所不欲 勿施於人"이라고 한 것과 같다.

> This is a society which we prefer inasmuch as it gives us most chance of living according to our own ideas and purposes, or our Weltanschauung (p. 58).

IV. Obligation and Command

다시 한 번 정리하면 국가란 그 성원의 다양하고 때로는 상충하는 목적을 성취하기 위한 협동적 단체(a co-operative association)이다. 그 성취과정에서 도덕적 규범이나 의무가 규정된다면 반드시 그 목적에 부합해야지, 그것을 초월하는 것이 되어서는 안 된다. 목적하는 바를 원한다면 수단에 대해서도 협조해야 한다. 그러지 못하고서는 공동체의 성립을 바랄 수 없다(Common acceptance alone can create a community, p. 62).

공동체 운영을 위한 지침은 Plato의 선험적인 규범이 되어서는 안 되고 Aristotle의 행동과 더불어 이루어지는 선(善, a good)이 되어야 한다. 다시 말하면 절대적인 가치를 제시하면서 그것을 위해 행동하자고 해서는 안 되고 사회성원이 무엇이 좋겠다고 판단하고 공동의식이 이루어지면 그 한도 안에서 행동하는 것이다. 이 경우 우리가 사용하는 언어도 철학적인 것이 되어서는 안 되고 '일상용어' (everyday terms)가 바람직하다. 일상용어도 '문 닫아!' 라고 하기보다 '문을 닫아주겠습니까?' 라고 해야 한다. 중요한 것은 누가 누구에게 명령하여 움직이는 사회가 아니고 부드럽게 협조하는 관계에서 모든 것이 이루어지는 사회가 좋은 것이다. 이런 것이 민주적 대의제 정부의 본질이다. 정부는 다수(majority)의 바라는 바에 근거하여 명령을 내릴 때 효력을 발휘한다.

여기서 중요한 것이 지식인의 역할이다. 국민이 바라는 바가 하나의 정책(plan)으로 바뀌는 과정에서 해야 할 역할이다. 개인이나 집단은 충동적(impulse)일 수 있다. 지식인은 거기에 복종하는 일꾼(servant)이 되어서는 안 되고 그것을 명백히 밝혀주고(clarify) 혹은 풀어주어야(liberate) 한다. 지식인이라고 해서 perfect한 것은 아니며, 그들의 판단이 모든 욕구를 충족시켜 준다고는 볼 수 없다.

> Though the plan is never finally good in itself and is constantly being adapted or improved, it does represent a process of aiming at a harmony which is approved and which will satisfy (p. 70).

V. Reason and Political Purpose

Greaves는 개인이 바라는 바를 실현하는 데 있어 intelligence가 어떻게 작용하는 것이 바람직한가를 논함에 있어 여러 사상가의 이론을 소개한다.

Spinoza는 어떤 사물이 결정적인 특징을 갖기 위해서는 다른 사물과의 관계에 있어 passive해서는 안 되고 active해야 한다고 했다.

> Its character and individuality depends on its necessary limited power, of self-maintenance ; it can be distinguished as a unitary thing with a recognizable constancy of character insofar as, although a system of parts, it succeeds in maintaining its own characteristic coherence and balance of parts (p. 76).

J. S. Mill도 개별성(individuality)을 같은 방법으로 정의하고 있다.

> A person whose impulses are his own—are the expression of his own nature, as it has been developed and modified by his own culture—is said to have a character. One whose desire and impulses are not his own, has no character, no more than a steam-engine has a character (p. 76).

Ginsberg는 생활조건을 결정짓는 기준을 더 향상시키기 위하여 사물에 대한 판단이 더욱 인식적일 것을 요구한다. 그래야만 활동의 도덕적 의미가 중요성을 높인다고 했다. 활동(activity)은 경험과 그 결과 얻어지는 질서(order), 그리고 그것을 통해 목적을 향상시킬 때 비로소 의미를 갖게 된다. 여기서 합리(rational)라는 개념이 떠오른다. 이러한 process가 일관성 있게 그리고 포괄적으로 이루어질 때 행복의 가능성은 증대되는 것이다.

> For happiness like morality cannot be imposed from outside. It is the result of internally developed harmony (p. 76) … To coordinate into a harmony is in fact to govern (p. 78).

여기서 우리가 검토해야 할 것이 이성(理性), 사려 깊은 분별력 혹은 지성(知性)이라고 번역할 수 있는 reason이다. 이성이 바로 우리로 하여금 자신 있게 행동할 수 있게 하는 바탕이 된다.

> Spinoza (said), man's greatest happiness and peace of mind comes only from this full philosophical understanding of himself (p. 86).

모든 경험이 이성적으로 정돈 · 정립(integrated)될 때 생활철학(a philosophy of life) 또는 세계관(Weltanschauung)이 이루어지며 인간의 사회성(sociality)이 형성된다.

2. 맺는 말

민 교수의 Greaves 소개는 제5장까지 한 학기 강의로 마감되었다. 필자는 그 나머지를 방학 기간 동안 읽은 것으로 책에 표시되어 있다. 노트로 기록하지 못한 부분의 제목만 옮기면 다음과 같다.

VI. The Individual and Morality

(a) Morality : not a self-evident Absolute

(b) Morality as Individual Self-realization

VII. Sociality and Morality

VIII. The Content of Morality : Rules and Values

(a) Rules of Behaviour

(b) An Agreed Corpus of Values

(c) A Social Weltanschauung or Established Religion

IX. The Social Good

X. The State and Social Purpose

XI. Democratic Political Theory : Applications

(a) Democracy : the Test

(b) Democracy and Moral Imperative

(c) Rights and Duties

(d) Rights as Elements in Social Purpose

(e) Political Studies

(f) Applied Democracy

우리들의 1950년대는 참으로 참담했다. 가난하였고, 읽으려고 해야 읽을 책도 많지 않았지만 책에 쓰인 것들이 현실과 동떨어진 느낌이 많았다. 나는 입학하여 처음 읽었던 책이 Laski여서 그랬던지 영국의 고전들을 많이 읽었다. 일부 학생들은 삼엄하던 사상적 분위기에서도 마르크스 쪽에 관심이 많았지만 나는 6 · 25전쟁의 피해자라 공산주의에 기울어지지 않았다. 그런데 Greaves에서도 그렇지만 국가를 논하는 데 있어 individual이니, moral, happiness니 하는 것이 주제로 되는 것은 실감이 없었다. 당시 국가가 나를 위해 존재한다거나 국민의 행복이 국가에 의하여 증진된다든가 하는 것은 실감나지 않은 위선이었다. 민 선생님은 별달리 강조하지도 않으시면서 꾸준히 정치의 민주화, 다원화, 사회의 중요성을 강의해 주셨다. Greaves를 강의하시던 1960년 1학기, 4 · 19가 일어났다. 민 선생님은 차분하셨다. 준비가 덜 된 상황에서 독재정권이 무너진들 민주화가 되겠느냐고 생각하셨던 것 같다.

민병태 『정치학』의 이해*

슈미트와 라스키의 논의를 중심으로

김홍우(서울대학교 명예교수)

정치의 비극은 옳음과 그름 간의 충돌에 있지 않고,

하나의 옳음과 또 다른 옳음 간의 충돌에 있다.

라스키[1]

* 이 논문은 본인의 졸저, 『한국 정치의 현상학적 이해』(인간사랑, 2007)에 이미 수록된 글로서, 몇몇 오식의 교정 외에는 특별한 수정이 없음을 밝혀둔다.

1 M. D. Howe ed., *Holmes-Laski Letters : The Correspondence of Mr. Justice Holmes and Harold J. Laski 1916-1935*, with a Foreword by Felix Frankfurter(London Geoffrey Cumberlege : Oxford Univ. Press, 1953), Vol. II, p. 1409. 필자는 최근에 대만의 한 의대 교수가 임상윤리와 관련하여 같은 의견을 피력한 것을 읽고 상당히 놀랐다. 그는 이렇게 말했다 : "The most difficult ethical dilemmas arises from the conflict between the validities of two principles." Shin-yun Wang, "The Application of Phenomenological Method to the Clinical Ethics," in *The Future of Applied Phenomenology :*

1. 서론 : 정치에 관한 두 가지 시각

민병태 교수의 정치학을 이해하기 위해서는 전통적으로 "정치"를 바라보는 두 가지 기본적 시각에 대해 먼저 생각해 볼 필요가 있다. 하나는 라스웰(Harold Lasswell)의 『정치학 : 누가 무엇을, 언제, 어떻게 획득하는가에 관한 것』(*Politics : Who Gets What, When, How*, 1936)[2]으로 대표되는 견해로서, 정치를 소유의 관점에서 바라보는 "소유지향적 정치론"이다. 다른 하나는 아렌트(Hannah Arendt)의 『인간의 조건』(*The Human Condition*, 1958)[3] 등에서 피력되고 있는, 정치를 소유가 아닌 소통의 관점에서 접근하는 "소통지향적 정치론"이다. 단적으로 말해서 아렌트의 "권력"과 라스웰의 "영향력"은 서로가 상충되는 대립적 개념이다. 아렌트의 "권력"(power)은 "고립된 개인"이 소유하는 전-정치적 · 자연적 "힘"(strength)과 구분되며, "행위하고 말하는 사람들 사이"에서 형성된 일종의 "그물망"(web)이다.

The Second Conference of Phenomenology as Bridge between East and West(Feb. 11-13, 2007, organized by Korean Society for Phenomenology, p. 105).

2 Harold Lasswell, *Politics : Who Gets What, When, How*(Cleveland and New York : The World Publishing Company, 1958). 이 책의 첫판은 1936년 McGrow-Hill Book Company에서 출판되었다. 본고에서는 라스웰의 『정치학』으로 약기(略記)한다.

3 Hannah Arendt, *The Human Condition*, *op. cit.* 본고에서는 한나 아렌트/이진우 · 태정호 옮김, 『인간의 조건』(서울 : 한길사, 1996)을 텍스트로 사용한다.

이에 반해 라스웰의 영향력은 "상징"과 "폭력", "재화"와 "실천" 등을 동원하여 획득하는 "소유"의 대상이다. 후자에게 정치란 그 자체로 보면 하나의 허구이다. 전자에게 정치란 함께 말하고 행동하는 사람들 가운데 현존하는 것으로서, 말과 행동을 통해서 비로소 현실로 실현된다. 반면 후자에게 정치란 그 자체로서 고유한 성격을 갖는 것이기보다는 사적 영역에서 가치를 박탈당한 엘리트들이 이를 보상하기 위해 공적 영역에서 전개하는 "대체반응"(a substitute reaction)에 불과하다. 이런 점에서 아렌트의 『인간의 조건』(*The Human Condition*)은 금세기를 대표하는 "소통지향적 정치론"의 고전으로 불리워진다. 이것은 그후 하버마스(Jürgen Habermas)의 "공론장 이론"과 "의사소통 이론"의 기초가 되었다.[4]

아렌트에 의하면, 정치적 행동은 반드시 말을 수반한다. 아렌트는 이 점을 고대 그리스적 전통에까지 소급하여 설명한다. 고대 그리스 사상에 의하면 인간의 활동 중 "두 활동만이 정치적 활동으로, 그리고 아리스토텔레스가 '정치적 삶'(bios politikos)으로 명명한 것을 구성한다"고 보았다. "그것은 행위(praxis)와 언어(lexis)이다. 이 행위와 언어로부터 인간사의 영역(ta ton anthropon pragmata)이 발생하며, 단순

4 "부르조아 공론장"(the bourgeois public sphere)을 주제로 삼고 있는 Jürgen Habermas의 초기 저작 *The Structural Transformation of the Public Sphere : An Inquiry into a Category of Bourgeois Society*, tr. by Thomas Burger with the assistance of Frederick Lawrence(Cambridge, Mass. : The MIT Press, 1991)은 기본적으로 Arendt의 *The Human Condition*의 영향을 받은 작품이다.

히 필요하거나 또는 유용하기만 한 모든 것", 예컨대 생물학적 삶 또는 "단순한 생명"(zoe)과 관련된 "가정경제"(oikos)에 속한 사적 영역과 구분되는 공적 영역이 형성된다. 이런 점에서 아렌트는 정치적 영역을 "삶의 필연성"(necessities of life)에 얽매여 있는 "가족구성원 사이에는 결코 존재"하지 않는 것으로[5] 이해한다. "말과 행위는" 말하고 행동하는 "주체를 계시"한다.[6]

말과 행위는 또한 "그 내용이 오로지 '대상적'이고 사물세계의 문제에만 관심을 가질 때조차도 주체를 계시하는 능력을 가진다."[7] 이런 점에서 "행위와 언어는 외적으로 인지할 수 있는 인간존재의 표명"이며,[8] "인간이 물리적 대상으로서가 아니라 인간으로서 서로에게 자신을 드러내는 양식"이기도 하다.[9] 되풀이 말해서 "사람들은 행하고 말하면서 자신을 보여주고 능동적으로 자신의 고유한 인격적 정체성을 드러내며 인간세계에 자신의 모습을 나타낸다"[10] ; "아무개기 도대체 누구인가 하는 그의 인격은 그가 말하고 행위하는 모든 것을 통해 드러난다"[11] ; "인간의 본질"은 그가 행하는 "행위와 말의 흐

5 한나 아렌트, 위의 책, p. 107.
6 같은 책, p. 243.
7 같은 책, 같은 곳.
8 같은 책, p. 150.
9 같은 책, p. 236.
10 같은 책, p. 239.
11 같은 책, p. 234.

름 속에서" 가장 "생생"하게 드러난다.[12]

아렌트가 말하는 "말과 행위"에 내재하는 이와 같은 "계시적 성격"은 "사람들이 타인을 위해서 또는 대항해서가 아니라 타인과 함께 존재하는 곳에서만 전면에 나타난다. 즉 순수히 함께 함에서 나타난다."[13] 아렌트는 고대 그리스인의 "폴리스"를 바로 이와 같은 "순수히 함께 함"의 전형으로서, 말하자면 "말과 행위"에 내재하는 "계시적 성격"을 실현시킨 "공론영역" 또는 정치적 공간으로 해석한다.

이와 관련하여 한 가지 주의할 것은, 아렌트가 말하는 폴리스란 단순히 하나의 지리적 공간이기보다는 사람들 사이에 존재하는 공간, 즉 "현상의 공간"(space of appearance)이라는 점이다. 사람의 "행위와 말"은 "주변에 있는 타인의 현존을 필요로 한다"[14] ; 행위와 언어의 "실재성"은 "보고 듣는 능력을 가지므로 인해서 그것들의 존재를 증명할 수 있는 타인의 항상적 현존에 의존한다."[15] 이때문에 그것은 타인과 "고립되어서는 결코 가능하지 않다" ; 그것은 "타인의 행위 및 말의 그물망에 둘러싸여 그것과 끊임없이 접촉하면서 이루어진다."[16] 뿐만 아니라 행위와 언어는 "결과물과 최종적 생산품"을 남기지 않는다.[17]

12 같은 책, p. 242.
13 같은 책, p. 240.
14 같은 책, p. 249.
15 같은 책, pp. 149-150.
16 같은 책, p. 249.
17 같은 책, p. 244.

그것은 "스스로 어떤 것을 '생산하지' 않으며",[18] 또 "어떤 흔적이나 생산물을 남기지 않"기 때문에 "도대체 살아남지 못"한다[19] ; "살아 있는 활동으로서의 행위"와 "언어"는 그 과정이 끝나는 지점에서 그 실재성을 상실하며, 마치 존재한 적이 없던 것처럼 사라져 버린다. 이런 점에서 그것은 "삶 그 자체만큼이나 무상하다."[20]

아렌트는 그리스에서의 폴리스의 발생이 인간의 말과 행위에 대한 이와 같은 반성의 산물이라고 본다. 그것은 "개인적 삶의 무상성에 대한 보증"으로서, 한 걸음 더 나아가 "무상하기만 한 모든 것을 막아주고 비교적 영속적인 것들을 허용하는 공간, 즉 죽을 운명의 인간에게 불멸성을 보장하는 공간"으로서 출현하였다.[21] 따라서 "폴리스"는 "일종의 조직화된 기억체"라고도 볼 수 있다.[22] 그것은 "가멸적 행위자의 지나가 버리는 실존과 유동적인 위대성이 결코 현실성을 상실하지 않도록 보증해 준다. 이 현실성은 보여지고 들려짐으로써, 일반적으로 말하면 동료 청중 앞에 나타남으로써 생긴다."

18 같은 책, p. 150.

19 같은 책, p. 233.

20 같은 책, p. 150.

21 같은 책, p. 109.

22 같은 책, 240. 아렌트는 "polis"의 어원적 의미를 부연한다 : "polis라는 단어는 본래 '둥근 담'과 비슷한 것을 의미하였다. 라틴어 urbs도 마찬가지로 '원'(circle)의 관념을 표현하는 단어이며 orbis와 같은 단어에서 파생하였다. 우리 시대의 단어인 'town'에서 우리는 동일한 연관을 발견한다. 도시는 본래 독어 Zaun과 같이 무엇을 둘러싸는 울타리를 의미한다"(위의 책, pp. 117-118 주 64).

요컨대 아렌트가 말하는 "정치의 영역"은 함께 행동하고 말하는 "현상의 공간"으로서, 기본적으로는 자유로운 소통에 의해 영위되는 공간이다. 권력은 말과 행동의 "계시성"이 회복되는 곳에서는 언제나 그리고 어디에서나 실현되는 그런 현상이다. 그녀의 표현대로 "말과 행위가 일치하는 곳에서, 말이 공허하지 않고 행위가 야만적이지 않은 곳에서, 말의 의도를 숨기지 않고 행위가 실재를 현시하는 곳"이라면서 어디서나 "권력은 실현된다."

이런 점에서 권력은 "행위하고 말하는 사람들 사이"에 존재하는 "소통활동"과 운명을 같이한다. 아렌트는 권력의 이와 같은 소통적 성격 때문에 그것은 "놀라울 정도로 물질적 요소와는 무관하며 수와 수단과도 무관하다"고 본다. 아렌트의 이와 같은 관점은 한편으로는 "토론[을] 민주적 거버넌스의 활력을 주는 피"(discussion [is] the life-blood of democratic governance)와 같은 것으로 보는 라스키를 방불케 하며,[23] 다른 한편 정치를 보상과 획득과 수단의 관점에서 일관성 있게 접근한 라스웰의 소유지향적 입장과는 엄격하게 대비된다.

라스웰에 의하면, "정치학 연구는 영향력과 영향력 있는 사람의 연구"(the study of the influence and the influential)[24]로서, 이때의 "영향력"이란 "가치들의 상대적 분점"(the relative sharing of values)[25]을, 그리고

23 Harold Laski, *A Grammar of Politics*(London : George Allen and Unwin Ltd., 1925), p. 81.

24 H. Lasswell, *op. cit.*, pp. 13, 22.

25 *Ibid.*, pp. 23, 26.

영향력 있는 사람이란 이와 같은 가치분점에 있어 "가장 많은 몫을 차지한 사람"[26]을 가리킨다. 또 라스웰의 정치학은 "가장 많은" 가치를 "갖고 있는 사람을 엘리트"로, "그 나머지는 대중"으로 구분하고, 영향력 있는 정치적 엘리트들을 어떻게 비교 분석할 것인가 하는 문제를 제기한다.

여기서 라스웰은 정치적 엘리트들이 첫째, 그들이 추구하는 여러 가치들 중 대표적인 "복종, 수입, 안전"의 가치를 분점하는 정도에 따라 비교될 수 있다고 본다. 둘째, 엘리트는 기술, 계급, 인간형, 태도 등에 따라 비교될 수도 있다. 셋째로 엘리트는 상징, 폭력, 재화, 실천 등 자신의 환경(environment)을 "어떻게" 사용하는가에 따라 비교된다.

이와 같은 관점에서 라스웰은 사적 영역에서 가치를 박탈당한 정치적 엘리트들이 이를 보상하기 위하여 어떻게 공적 영역에서 영향력을 확대해 나가는지에 초점을 맞추어 "소유지향적 정치론"을 전개한다. 정치학계에서 일명 '시카고학파'(the Chicago School)로 통칭되는 라스웰의 입장은 그후 정치적 현실주의의 대명사로서 오늘에 이르고 있다. 모겐소(Hans J. Morgenthau)의 『현대국제정치론』(*Politics Among Nations*, 1948)[27]은 라스웰의 이와 같은 입장을 대변한다고 볼 수 있다.

---

26 *Ibid.*, p. 13, 라스웰은 "영향력과 영향력 있는 사람"(influence and the influential)을 "권력과 권력자"(power and the powerful)와 같은 뜻으로 사용하고 있다. *Ibid.*, pp. 23, 26.

27 Hans J. Morgenthau, *Politics Among Nations : The Struggle for Power and Peace*(New York : Alfred A. Knopf, Inc., 1948). 본 논문에서 인용한 것은 한스 J. 모겐소/이호

모겐소에 의하면, "정치적 현실주의"란 소통과는 대립적인 소유지향적인 "권력으로 정의되는 이해관계 개념"을 국제정치의 "중심지표"로 삼는 것을 뜻한다. 이 점을 그는 다음과 같이 다시 천명한다 : "모든 정치가 그러하듯 국제정치는 권력을 얻기 위한 투쟁이다. 국제정치의 궁극적인 목표가 무엇이든 간에 제일차적 목표는 항상 권력이다."[28] 이스톤(D. Easton)이 말하는 "사회를 위한 가치의 권위적 배분", 또는 이를 약하여 "권위적 정책결정"[29]이라는 "정치"에 관한 그의 정의도 사실은 라스웰의 소유지향적 "영향력"과 "가치"에 입각해 있다. 이와 동일한 관점에서 이스톤은 "정치학"을 "권력의 배분과 사용의 영향을 받는 가치의 권위적 배분에 관한 연구"[30]로, "정치학자"를 "사회정책의 수립과 집행에 있어서 권력의 사용과 배분관계에 관심을 갖는 자"로 규정하고 있는데, 이것 역시 라스웰의 입장에서 재해석된 것이라고 필자는 생각한다.[31]

재 역, 『현대국제정치론-세계평화의 권력이론적 접근』(서울 : 법문사, 1995)이다.

28 같은 책, p. 35.

29 David Easton, *The Political System : An Inquiry into the State of Political Science*(Second Edition, New York : Alfred A. Knopf, 1971), pp. 117, 119-148.

30 *Ibid.*, p. 146.

31 David Easton, "Harold Lasswell : Policy Scientist for a Democratic Society", *The Journal of Politics*(Aug., 1950), p. 451. 뿐만 아니라 Easton은 Lasswell의 권위에 기대어 "철학"을 "선전적 도구" (propaganda instrument)로 격하시키는 데 앞장서고 있다 : "라스웰의 견해에 의하면, 철학은 서구의 믿음을 밝히고 확산하는 데 협력함으로써 집단생존에 불가결한 비합리적 합의를 강화시키는 이데올로기적 또는 선전적 도구로 작용한다" (*Ibid.*, p. 452). 여기서 필자는 한편으로 아렌트의 "권력"과

그러나 1950년대에 들어오면서 소유지향적으로 굳어진 정치에 대한 비판이 강하게 일어나기 시작하였다. 마르쿠제(H. Marcuse)의 『에로스와 문명』(*Eros and Civilization*, 1955),[32] 밀즈(C. W. Mills)의 『파워엘리트』(*The Power Elite*, 1956),[33] 아렌트(Hannah Arendt)의 『인간의 조건』(*The Human Condition*, 1958),[34] 하버마스(Jürgen Habermas)의 『공론장의 구조변천』(*Strukturwandel der Öffenttichkeit*, 1962),[35] 맥퍼슨(C. B. Macpherson)의 『소유지향적 개인주의』(*The Political Theory of Possessive Individualism*, 1962),[36] 롤즈(J. Rawls)의 『정의론』(*A Theory of Justice*, 1971),[37] 달마이어(Fred Dallmayr)의 『소유지향적 개인주의를 넘어서』(*Beyond Pos-*

다른 한편으로는 모겐소나 이스톤의 "권력"이 완전히 상반된 대립적 개념으로 구분되어야 한다고 보며, 또한 G. Poggi가 구분하는 이스톤의 "분배의 정치"(politics as allocation)와 슈미트의 "타자대항적 우리 정치"(politics as Us against the Other)에 대한 논의도 극히 피상적 수준에 머물고 있다고 생각한다. Gianfranco Poggi, *The Development of the Modern State : A Sociological Introduction*, *op. cit.*, pp. 1-15.

32 Herbert Marcuse, *Eros and Civilization : A Philosophical Enquiry into Freud*(New York : Vintage Books, 1955).

33 C. Wright Mills, *The Power Elite*(London, Oxford, New York : Oxford University Press, 1956).

34 Hannah Arendt, *The Human Condition*, *op. cit.*

35 Jürgen Habermas, *Strukturwandel der Öffenttichkeit*(Darmstadt und Nuewied, Federal Republic of Germany : Hermann Luchterhand Verlag, 1962). 이 책은 1991년에 영역되었다. 각주 참조.

36 C. B. Macpherson, *The Political Theory of Possessive Individualism : Hobbes to Locke*(London, Oxford, New York : Oxford University Press, 1962).

37 John Rawls, *A Theory of Justice*(Cambridge, Mass : The Belknap Press of Harvard University Press, 1971).

sessive Individualism, 1981),[38] 왈쩌(M. Walzer)의 『정의와 다원적 평등』(*Spheres of Justice*, 1983),[39] 그리고 마루야마 마사오(丸山眞男)의 「정사(政事)의 구조 : 일본 정치생활의 집요저음」(The Structure of Matsurigoto : the basso ostinato of Japanese political life, 1988)[40] 등이 그러한 예들이다. 특히 마루야마는 그의 논문에서 라스웰에 대해 이렇게 말한다 :

> 1930년대에 젊은 하롤드 라스웰은 그의 기념비적 저작의 제목을 『정치학 : 누가 무엇을, 언제, 어떻게 획득하는가에 관한 것』이라고 명명하였다. 그러나 최근 뉴욕 대학의 대이빗 벨(David Bell)은 '획득하다'(get)라는 말을 '말한다'(tell)로 바꿀 것을 제안하였다. 그래서 이제 '정치학은 누가 누구에게, 언제, 어떻게 말하는 것'으로 새롭게 정의되었다. 이것은 과도하게 단순화시킨 것이긴 하지만 의미 있는 변화이다. 왜냐하면 '말하는 것'은 타인이 개입되는 데 반해 '획득한다는 것'은 철저하게 사적인 것이기 때문이다.[41]

38 Fred Dallmayr, "Beyond Possessive Individualism", in his *Twilight of Subjectivity : Contributions to a Post-Individualist Theory of Politics* (Amherst : The University of Massachusetts Press, 1981), pp. 9-37.

39 Michael Walzer, *Spheres of Justice : A Defense of Pluralism and Equality* (U.S.A. : Basic Books, Inc., 1983).

40 Maruyama Massao, "The Structure of Matsurigoto : the basso ostinato of Japanese political life", in *Themes and Theories in Modern Japanese History : Essay in Memory of Richard Storry*, ed. by Sue Henny and Jean-Pierre Lehman with a tribute by Sir William Deakin (London and Atlantic Highlands, New Jersey : The Athlone Press, 1988), pp. 27-43.

41 Maruyama Masao, *ibid.*, p. 28.

또 정문길 교수도「삶의 정치-'정치' 개념의 새로운 규정을 위한 일 시론」(1996)[42]에서 소유지향적 정치를 강도 높게 비판하였다. 그는 우리나라의 문제가 "다양한 사회적 경쟁"이 "일원화"되는 데 있고, 이것은 "각 분야의 경쟁체제가 종국에는 정치권력의 획득에 수렴되고 있는 현실" 때문이라고 개탄 하면서, 우리 시대는 일찍이 파스칼이 경고했던 "'압제'의 시대"를 방불케 한다고 성토한다 :

> 우리는 지금 하나의 가치가 유일한 가치로서 다른 가치를 능가하고 지배하려는 시대에 살고 있다. … 다시 말하면 우리는 화폐가 사랑을 독점하고 권력이 지혜를 종복으로 부리는 등의 '압제'의 시대에 살고 있다.[43]

필자는 이와 같은 정치에 관한 두 가지 대립적 견해가 사실은 1920년대에 전개된 슈미트와 라스키 간의 논쟁, 보다 정확하게 말하면 슈미트(Carl Schmitt)의 "의회해체론"과 라스키(Harold Laski)의 "주권해체론"에 소급된다고 본다. 예컨대 아렌트는 권력을 "potentia", "Mögen" 또는 "Möglichkeit" 등 일종의 "잠재성"(dynamis)으로 파악하고 있는데, 이와 같은 견해와 "권력은 항상 신임"(Power is always trust)이라는 라스키의 입장과는 크게 다르지 않다. 다른 한편 라스웰의 "순

42 정문지, "삶의 정치-'정치' 개념의 새로운 규정을 위한 일 시론"(1996년 5월 10일 아카데미하우스 대화모임 발표문), p. 3.

43 정문길, 같은 글, p. 9.

종" (deference)은 슈미트가 "적과 동지"*를 구분하면서 주장한 "보호와 복종 간의 영원한 상관성" (ewigen Zusammenhangs von Schutz und Gehorsam), 또는 "보호하기 때문에 나는 복종한다" (protego ergo obligo)[44]는 말과 맥을 같이한다. 필자는 민병태 교수의 『정치학』이 이러한 대립적 시각 간의 갈등과정에서 이루어진 하나의 선택이었다고 보며, 따라서 민병태 정치학의 논의에 앞서 슈미트와 라스키가 말한 정치에 관한 두 시각에 대해 먼저 살펴볼 필요가 있다고 생각한다.

* 1912년에 출판된 이승만의 박사학위 논문, *Neutrality as Inflyenced by the United States*(Princetor : Princeton University Press, 1912, pp. 1, 3)은 '적' (enemies)과 '동지' (friends) 외에도 '비적국' (non-hostes 또는 non-enemies)이 국제정치의 장에 실재함을 논하였다.

44 Carl Scmitt, *The Concept of the Political*, tr. and with an Introduction by George Schwab with a New Foreword by Tracy Strong(Chicago and London : The University of Chicago Press, 1996), p. 52. Schmitt는 또 이렇게 부연한다 : "No form of order, no reasonable legitimacy or legality can exist without protection and obedience. The protege ergo obligo is the cogito ergo sum of the state. A political theory which does not systematically become aware of this sentence remains an inadequate fragment. Hobbes designated this as the true purpose of his Leviathan, to instill in man once again the mutual relation between Protection and Obedience." 본고에서는 슈미트의 국역본인 김효전 역, 『정치적인 것의 개념 : 서문과 세 개의 계론을 수록한 1932년판』(증보판 ; 서울 : 법문사, 1995)과 아울러 독어본 Carl Schmitt, *Der Begriff des Politischen : Text von 1932 mit einem Vorwort und drei Corollarien*(Berlin : Duncker & Humbolt, 1987)을 함께 참조할 것이며, 인용에 있어서는 영문본, 국역본, 독어본의 순으로 모두 표기할 것이다. 즉 칼 슈미트, 같은 책, pp. 52/63/53.

2. 슈미트의 의회해체론

슈미트의 "의회해체론"은 두 개의 서로 다른 다원주의를 구분하는 데서부터 시작한다. 그것은 먼저 전투적-정치적 다원주의와 자유주의적-비정치적 다원주의를 구분하고, 다음에 전자에 대한 옹호와 후자에 대한 비판으로 전개된다. 본장에서는 슈미트의 이와 같은 논의에 따라 1) 전투적-정치적 다원주의의 옹호와 2) 자유주의적-비정치적 다원주의의 비판, 그리고 3) 의회해체론의 순으로 슈미트의 입장을 검토하고자 한다.

(1) 전투적-정치적 다원주의의 옹호

슈미트에 의하면, 정치는 "단일체"(Universum)가 아닌 "다원체"(Pluriversum)이다.[45] 그것은 다양한 "인간집단들"(Menschen-gruppen)로 구성된 "다원체"이다. 정치세계에는 "정의나 인류나 질서 또는 평화라는 이름 아래 다른 구체적 인간집단과 싸우는 구체적 인간집단이 항상 존재"한다.[46] 여기서 슈미트는 "정치적인 것"의 본질을 "전투적인

45 같은 책, pp. 53/65/54.

것"(polemisch)으로 규정하고 "전투"에서 "적과 동지의 결집"(Gruppierung von Freund und Feind)이, 그리고 이러한 결집으로부터 "정치적인 것의 특수한 긴장"(spezifisch politische Spannung)이 나타난다고 본다.[47]

그는 이렇게 말한다 : "모든 정치적인 개념과 관념, 용어들은 전투적 의미(einen polemischen Sinn)를 지닌다. 그것들은 구체적인 대립관계를 취하며", 또 "전쟁이나 혁명"에서 볼 수 있듯이 "궁극적으로는 적과 동지로 결집되는 구체적 상황과 결부된다."[48] 뿐만 아니라 "모든 구체적 대립은 적과 동지의 결집에 가까우면 가까울수록 점점 정치적인 것으로 된다."[49] 따라서 "국가, 공화국, 결사, 계급, 나아가서는 주권, 법치국가, 절대주의, 독재, 계획, 중성국가 또는 전체국가 등과 같은 말은" 그것의 "전투적-정치적" 성격을 이해하지 않는 한, 다시 말하면 그것이 구체적으로 "누구를 공격하고, 부인하고, 반박하는지를", 따라서 그것이 누구를 적으로 그리고 누구를 동지로 보는지를 이

---

46 같은 책, pp. 67/79-80/66-67.

47 같은 책, pp. 35/43/35. 그 역도 마찬가지다. 즉 "투쟁의 가능성이 남김 없이 제거되고 소멸된 세계, 궁극적으로 평화롭게 된 지구라는 것은 적과 동지의 구별이 없는 세계, 따라서 정치 없는 세계일 것이다"(같은 곳, 그리고 위의 책, pp. 57/67/56). 여기서 "투쟁"이란 "경쟁이나 순수한 정신적 논쟁을 의미하지 않는다." 그것은 "신체적 살해의 가능성"을, 따라서 "타인의 존재의 부정"(Negierung eines anderen Seins)을 뜻한다. 같은 책, pp. 33/40/33.

48 같은 책, pp. 30/38/31.

49 같은 책, pp. 29/37/30. 슈미트는 또 이렇게 말한다 : "정치적인 것으로서의 위치지움은 결정적인 집합과 이산의 기준이 되는 거리의 강도에 의해서 규정된다." 위의 책, pp. 59/72/60.

해하지 않고서는 "모두가 공허하고 유령과 같은 추상적인 것이 되어 버린다."[50]

슈미트는 "적과 동지의 결집"이야말로 정치와 비정치를 구분하는 척도임을 되풀이 강조한다 : "정치적인 현상은 오직 적과 동지의 결집이라는 현실적 가능성과 관련을 가짐으로써만 이해되는 것이며, 거기서 정치적인 것에 대한 어떤 종교적 · 도덕적 · 미학적 · 경제적 평가가 나오는지는 관계없는 것이다" ; "정치적 사고와 정치적 본능은 이론적으로나 실제적으로 적과 동지를 구별하는 능력에 의해 실증된다. 위대한 정치의 정점은 적이 구체적인 명료함 속에서 적으로서 인식되는 시점과 동시적이다."

이런 점에서 크롬웰(Cromwell)은 정치인의 전형에 가장 근접하는 인물이다.[51] 반면에 만일 "적과 동지를 결집할 현실적 가능성"이 "우연히 없어지는 경우에는 정치적인 것 자체도 없어져 버린다."[52] 예컨대 "지구상의 여러 민족, 종교, 계급, 기타 다른 인간의 집단이 모두 일체가 되고 상호 간의 투쟁이 사실상으로나 이론상으로 불간능하게 된다면, 나아가 또한 전 지구를 포괄하는 국가의 내부에서 내란의 가능성마저 사실상 생각할 수 없게 된다면, 즉 적과 동지의 구별이라는 단순한 우발성마저 중단된다면 거기에 존재하는 것은 단지 정치적으

50 같은 책, pp. 30/38/31.

51 같은 책, pp. 35, 67-68/43, 80-81/37, 67.

52 같은 책, pp. 45/53/45.

로 무색한 세계관, 문화, 문명, 경제, 도덕, 법, 예술, 오락 등등에 불과하며, 정치도 국가도 거기에는 존재하지 않는 것이다."[53]

그러나 이와 같은 슈미트의 주장과 관련하여 주의할 것은 그가 말한 정치의 일차적 의미는 "국가적 집단"—보다 정확하게 말하면 "민족국가(Volksstaat)적 집단"—에 국한된다는 점이다. 그는 "비국가적 집단"을 "비정치적 집단"으로서 정치의 영역에서 배제한다. 그는 비정치적 집단은 1차적 정치의 "기생적 내지 희화적 존재"로서 2차적 의미 이상을 가질 수 없다고 못박는다.[54] 이제 슈미트가 주장하는 전투적-정치적 다원주의를 정리해 보면 세 가지 점으로 집약된다 : 첫째, 정치세계는 다양한 "인간집단"이 상호 대립하는 세계이다. "정치적 존재의 구체적 현실에서는 어떤 추상적 질서나 규범계열이 지배하는 것이 아니라, 오직 구체적인 인간들 또는 집단들(kenkrete Menschen order Verbände)이 다른 구체적 인간들 또는 집단들을 지배한다."[55] 그

53 같은 책, pp. 53/65/54. 슈미트는 이와 아울러 전쟁 종결의 가능성, 따라서 정치 종언의 가능성에 대해 이렇게 말한다 : "군사기술이 발달하여 감에 따라서 아마도 승산 있는 전쟁을 수행하기에 족한 공업력을 가진 국가는 매우 소수의 국가만이 잔존할 뿐이며, 한편 약소국가들은 정당한 동맹정책에 의해서 자신의 독립을 유지하는 데에 성공하지 못하는 한은 자발적으로 또는 어쩔 수 없이 교전권을 포기하게 되는 사태가 일어날 것 같이 보인다. [그러나] 이와 같은 전개는 무릇 전쟁, 국가 그리고 정치가 중단되었다는 것을 입증하는 것은 아니다"(위의 책, pp. 46/55/46). 슈미트에 의하면 어떠한 "정의나 논리구성으로도 국가나 정치를 근절할 수 없으며, 세계를 탈정치화하지 못한다. … 정치는 옛날이나 지금이나 여전히 운명이다(Nach wie vor die Politik das Schicksal bleibt)"(같은 책, pp. 98/92/76-77).

54 같은 책, pp. 53/65/54.

리고 "국가가 존재하는 한은 항상 복수의 국가들이 지상에 존재"하게 된다.[56] 왜냐하면 이 지구상의 "각 민족들은 적과 동지의 대립에 따라 결집하"기 때문이다. 뿐만 아니라 슈미트는 이러한 대립을 오늘날의 아주 자명한 사실로 단정짓는다 : "이 대립은 오늘날 더욱 현실로서, 그리고 정치적으로 존재하는 모든 국민에 대해서 현실적 가능성으로서 존재하고 있음을 아무도 부인할 수 없다."[57]

둘째, 국가도 하나의 집단이다. 그러나 국가에는 비국가적 집단에 결여된 다른 요소가 포함되어 있다. 그것은 "지배적 요소"(herrschaftliche Elemente)[58] 또는 전통적으로 "주권"(Souveränität)이라 불리우는 요소이다. 국가는 바로 이 "주권"적 요소 때문에 "결정적 통일체"(die maßgebende Einheit)라 불리우며, 같은 이유에서 그것은 "존재하거나 또는 존재하지 아니하는 것일" 수 있다. "만약 존재하는 것이라면 그것은 최고의 통일체, 즉 결정적 사태에 결정을 내리는 통일체(die höchste, d.h. in entscheidenden Fall bestimmende Einheit)이다."[59]

슈미트는 국가의 주권적 특성을 좀더 부연해서 이렇게 설명한다 : "국가는 결정적 정치적 통일체로서(als die maßgebende politische Einheit) 거대한 권능을 자기에 집중하고 있다. 그것은 전쟁을 수행하고 인간

55 같은 책, pp. 72-73/87/72.
56 같은 책, pp. 53/65/54.
57 같은 책, pp. 28/35-36/29.
58 같은 책, pp. 25/29/25.
59 같은 책, pp. 43/51/43.

의 생명을 처분할 가능성이다."[60] 그러나 슈미트는 이와 같은 "주권"의 개념을 "절대주의적 의미"로 해석하는 것에 대해 강하게 반대한다. 다시 말하면 "어떤 정치적 통일체에 속한 인간의 모든 현존재(jede Einzelheit des Daseins jedes Menschen)가 정치적인 것에 의해 규정되며, 그 명령을 받아야 한다든가 또는 어떤 중앙집권적 조직이 다른 모든 조직이나 단체를 말살해야 한다는 것"과 같은 절대주의적 시각은 그가 의도한 국가주권의 본의와는 거리가 먼 것이라고 강조한다.[61]

그럼에도 불구하고 그는 "주권"이란 결국 "교전권"(das jus belli)이며, 또 이 "교전권"은 "자기의 결정으로 적" 또는 정확하게 말해서 "공적"(der Öffentliche Feind)을 "규정하고", 적에 대항해서 "전쟁을 수행하며", 이를 위해 "인간의 생명을 처분할" 수 있는 "힘" 또는 "가능성"을 뜻한다고 밝힌다. 슈미트는 "교전권"을 다시 이렇게 요약한다 : "그것은 자국민에 대해서는 죽을 각오와 살인할 각오를 요구하며, 또한 적측에 서 있는 인간을 죽인다는 이중의 가능성을 의미한다."[62] 여기서 우리는 슈미트의 "주권"이 결국은 자국민의 생명에 대한 절대적 처분권과 소유권에 다름아님을 확인하게 된다.[63]

---

60 같은 책, pp. 45/55/46.

61 같은 책, pp. 38-39, 28/47, 36/39, 29.

62 같은 책, pp. 46/55-56/46.

63 슈미트는 또 이렇게 강조한다 : "전쟁, 싸우는 사람들의 죽을 각오, 적의 편에 선 타인의 육체적 살해, 그것은 모두 규범적 의미가 아니라 존재적 의미에 불과한 것이다"(alles das hat keinen normativen, sondern nur einen existenziellen Sinn). 사실 따지고 보면 "전쟁이란 이상이나 법규범 때문이 아니라 현실의 적에 대해서 수행된

물론 슈미트는 "인간의 생사를 좌우하는 권능, 즉 생살여탈 권리"(jus vitae acnecis)가 국가 외에도 다른 집단, 예컨대 고대 그리스나 로마에서처럼 "가족이나 가장에게도 귀속될 수 있으나 교전권", 따라서 "적" 또는 "공적"을 "선언하는 권능"(das Recht der hostis-Erklärung)만은 국가가 "현존하는"(vorhanden) 한에서는 "다른 어떤 단체도 이러한 권능을 가질 수 없다"고 강조한다. 여기서 슈미트는 주권의 이와 같은 특성에 근거하여 "정치적 공동사회", 즉 "국가"의 최고성을 선언한다 :

> … 인간의 육체적 생명에 대한 이와 같은 지배권에 의해서 정치적 공동사회(die politische Gemeinschaft)는 그밖의 모든 종류의 공동사회나 이익사회보다 우위에 있는 것이다. 그 경우에 공동사회 내부에는 다시 이차적인 정치적 성격을 가진 하위 조직이 고유한 또는 위탁한 권한을 가지며, 좁은 범위의 집단의 소속원에게 국한된 생사여탈의 권리까지도 가지고 존속할 수 있는 것이다.[64]

셋째, 따라서 슈미트는 각종 비국가적 집단들, 예컨대 종교적·문화적·교육적·경제적 집단들을 국가와 동일선상에 놓고 또 이것과 동등시하여 구분하지 않는 것은 정치의 본질을 고려하지 않았거나

다는 점에서 그 의미가 있다." 따라서 "어떠한 합리적인 목적, 얼마나 정당한 규범, 또 얼마나 이상적인 강령, 얼마나 아름다운 사회적 이상, 어떠한 정당성이나 합법성이라 할지라도 결코 그 때문에 인간을 서로 죽이는 것을 정당화할 수는 없다"(같은 책, pp. 48-49/59/49).

64 같은 책, pp. 47/57-58/48.

오해하고 있는 것이며, 또는 의도적으로 국가를 "비정치화"(Entpolitisierung) 함으로써 궁극적으로 국가를 "해체"하거나 "부정"하려는 시도로 본다.[65] 여기서 슈미트는 "정치를 기만이나 다름없는 작은 술책 정도로 이해하는 사람들은 단호히 반박되어야 한다"[66]는 레닌의 말을 인용하면서 자유주의적-비정치적 다원주의에 대한 비판의 포문을 연다.

(2) 자유주의적-비정치적 다원주의의 비판

슈미트에 의하면, 자유주의적-비정치적 다원주의 발전에 결정적인 계기가 된 것은 기에르케(Otto von Gierke)의 『독일단체법론』(*Das deutsche Genossenschaftsrecht*)의 출판이었다. 슈미트는 "1868년에 발간된 기에르케의 단체법론 제1권은 정치적인 활동 에네르기와 대담한 정치적 진보의식으로 가득 차 있다"고 격찬한다.[67] 그것은 종래의 "국가인격설" 또는 "중앙집권적 관헌국가론"에 반대하여 "국가"를 "다른 단체들과 본질적으로 같은" 것으로 파악하였다.[68] 또 그것의 "가장 중요한" 공헌은 "국가를 다른 단체들과 병존하는 단체"들 중의 하나로

---

65 같은 책, pp. 44/52/44.
66 같은 책, pp. 63/75-76/63.
67 칼 슈미트/김효전 역, 『정치신학 외』(서울 : 법문사, 1988), p. 140.
68 칼 슈미트, 『정치적인 것의 개념』, 앞의 책, pp. 24-25/29/25.

"규정함으로써 사회에 대한 국가의 우월적 지위를 상대화"하였으며, 이런 점에서 그것은 "새로이 진출하는 시민계층"과 이들의 "자치에 대한 새로운 관심에 적합한 것"이었다고 그 역사적 의의도 아울러 밝힌다.[69] 그러나 슈미트는 "국가에는 단체적 요소 외에 지배적 요소도 포함되어야" 한다고 지적하면서, 기에르케의 이론은 "국가의 단체이론이며, 지배이론이 아니"라는 것,[70] 따라서 "하나의 일반적인 조합이론"에 불과하다고 폄하한다.[71]

다원주의의 두 번째 단계는 상디칼리즘의 "가장 저명"한 "국가이론가"인 듀기(Leon Duguit)이다. 그는 조지 소렐(George Sorel)의 상디칼리즘을 이어받은 버트(E. Berth)의 "국가는 죽었다"는 말을 인용하면서 "주권을 가지며 인격적인 것으로 간주되는 국가는 죽었거나 또는 죽어가고 있다"고 선언한 바 있다. 이에 대해 슈미트는 "그가 1901년 이래 주권 개념과 국가 인격이란 관념을 분쇄하려고 시도하였고, 무비판적인 국가 형이상학이나 결국은 군주절대주의 세계의 잔재에 불과한 국가인격설에 대하여 여러 차례 적절한 논쟁을 제기"한 점들을 일단은 긍정적으로 받아들인다. "사실 국가의 '전능'과 같은 표현(Wendung)은 따지고 보면 신의 전능함이라는 신학적 공식을 피상적으로 세속화한 데 불과하다"고 주장하면서 슈미트는 이렇게 말

69 칼 슈미트, 『정치신학 외』, 앞의 책, pp. 140-141.
70 칼 슈미트, 『정치적인 것의 개념』, 앞의 책, pp. 24-25/29/25.
71 칼 슈미트, 『정치신학 외』, 앞의 책, p. 254.

한다 :

> … 19세기 독일 국가의 '인격' 설은 일부는 '절대' 군주라는 인격에 대한 항의적인 안티테제이며, 또한 일부는 군주주권이냐 국민주권이냐 하는 딜레마를 회피하기 위하여 국가라는 '보다 높은 제3자' 에로 회피하는 유도인 것이다.[72]

그러나 다른 한편 슈미트는 듀기가 "본질적으로 주권사상이 가지는 본래의 정치적 의미를 잘못 이해하고 있다"고 공격한다. 슈미트에 의하면, 상디칼리즘은 "국가 내의 경제적 단체들이 어느 정도 기다란 정치적 의미"를 갖게 되고, "특히 노동조합이 성장하여 조합의 경제적 권력수단인 스트라이크에 대하여 국가의 법률이 상당히 무력하다"는 사실이 인식되면서 "국가의 사멸과 종말을 선언"하는 "교리로서" 나타난 것이다.[73] 또 이와 같은 상디칼리즘의 원형은 기에르케 "저작의 여러 곳에서"도 이미 나타나고 있다. 심지어 슈미트는 "칼 헤르츠"(Carl Herz)가 자신에게 기에르케의 『독일단체법론』의 "제1권은 여러 곳에서 공산당 선언을 상기시킨다고 말하였는데, 나는 그것을 이해할 수 있다"는 주석을 붙이면서, "국가는 아래로부터 위로 구축되어야 하며, 인민에게 반환되어야 하"는 것이며, "그것은 조직된 인민 이외에 아무 것도 아니"라는 기에르케의 말을 상기시킨다.[74] 그러나

---

72 칼 슈미트, 『정치적인 것의 개념』, 앞의 책, pp. 42-43/50-51/42-43.

73 위의 책, pp. 39-40/48/40.

슈미트는 주권이 제기되는 것은 "정상적인 경우가 아니라" 극한적이고 예외적인 위기상황이라는 것, 그리고 바로 여기에 주권이 가지는 정치적 의미의 핵심이 놓여 있다는 것, 그러나 상디칼리즘은 이 점을 간과하고 있다고 반박한다.[75]

세 번째 단계는 라스키(Harold J. Laski)로 대표되는 다원주의이다. 슈미트는 "라스키"가 피기스(John Neville Figgis)의 『현대국가에 있어서의 교회』(*Churches in the Modern State*, 1913)에 "결정적인 영향을 받았으며", "여러 가지 종류의 단체"들, 특히 "교회와 국가"의 "등가성을 증명하기 위하여 메이트랜드(Maitland)와 기에르케"에까지 "거슬러 올라가고 있다"고 밝힌다.[76] 슈미트는 라스키에게 특히 "깊은 감명을 준 역사적 사건은 비스마르크가 가톨릭 교회와 사회주의자에게 동시에 가하였으나 모두 성공하지 못한 정책"이라고 주장한다 :

> … 로마 교회에 대한 문화투쟁에서 비스마르크 제국이라는 불굴의 힘을 가진 국가마저도 절대적으로 주권적이며 전능하지 않다는 것이 실증된 것이다. 마찬가지로 이 국가는 사회주의 노동자 계층에 대한 투쟁에도 승리하지 못하였다. 즉 경제의 영역에서 노동조합의 손으로부터 파업권 속에 내재하는 힘을 빼앗을 수는 없었다.[77]

---

74 칼 슈미트, 『정치신학 외』, 앞의 책, pp. 140-141.

75 같은 책, pp. 17-25, 칼 슈미트, 『정치적인 것의 개념』, 앞의 책, pp. 38-39, 43/47, 51/39, 43. Carl Schmitt, *The Crisis of Parliamentary Democracy*(Third Ed., Cambridge, Mass. and London : The MIT Press, 1992), p. 43.

76 칼 슈미트, 『정치신학 외』, 앞의 책, p. 137.

여기서 "다원론"은 "국가라는 주권적 통일체, 즉 정치적인 통일체를 부정하고 개개인은 수많은 여러 사회적 결사들의 구성원"이라는 점을, 말하자면 "종교단체, 국가, 노동조합, 가족, 스포츠 클럽, 기타 수많은 결사들의 구성원"이라는 점을 누누이 강조하면서, 이들 "결사들"(Assoziationen)의 결정영역은 각각 다르며, 각각의 고유영역 내에서만 "가장 강렬할" 뿐, "결코 절대적 결정과 주권은 아무에게도 없다"고 본다. "예컨대 어떤 노동조합의 구성원이 조합원으로서 앞으로 교회에 다니지 말라는 지령이 내려졌음에도 불구하고 교회에 나가고, 다른 한편 노동조합을 탈퇴하라는 교회로부터의 요구에도 마찬가지로 따르지 않는 경우를 생각할 수 있다." 단지 이들 결사들은 각 구성원에게 "성실성 의무와 충성에 있어서 다원성"(Pluralität der Treueverpflichtungen und der Loyalitäten)을 요구하는 것에 그친다.[78] 그 결과 "국가는 다른 단체들과 경합하는 하나의 단체로 간단히 변한다. 국가는 그 내부와 외부에 존재하는 다른 많은 이익사회들과 동위와 동렬에 있는 하나의 이익사회가 된다."[79]

슈미트는 다원론이 공격하려는 표적이 "국가에 대한 종전의 과대평가와, 그 주권과 인격성과, 그 최고 통일체의 독립에 있다"는 점에서 비판의 적실성을 "대부분" 인정한다. 그럼에도 불구하고 그는 다

77 칼 슈미트, 『정치적인 것의 개념』, 앞의 책, pp. 41-42/50/41-42.

78 같은 책, pp. 41/49/41.

79 같은 책, pp. 44/52/44.

원론이 "도대체 정치적 통일체는 어떠해야 하는가에 대해서는 여전히 불분명한 채로 남아 있다"는 불만을 토로한다. 슈미트는 다원론이 "무엇보다도 먼저 어떤 이유에서 인간이 종교적 · 문화적 · 경제적, 그밖의 결사들 외에 정치적인 결사, 즉 통치결사(governmental association)를 구성하는지"를 밝혀주어야 한다고 따진다. "그러나 라스키의 수많은 저서에는 항상 국가, 정치, 주권, 그리고 '정부'(government)에 대해서는 언급하지만 정치적인 것의 명확한 정의는 그 어디에서도 찾아볼 수 없다"고 비판한다. 라스키의 "다원론적 국가이론"에는 무수한 "사회적 결사들의 연방체 또는 일종의 결사적 옥상옥(屋上屋, eine Föderalismus sozialer Verbände oder eine Art Dach-Assoziation der Assoziationen)은 존재하지만" "통일적 중심은 없으며",[80] "정치에 대한 자유주의적 비판은 있지만 자유주의적 정치는 없다"(keine liberale Politik schlechthin, sondern immer nur eine liberale Kritik der Politik)고 지적한다.[81] 심지어 라스키의 다원주의는 "다원적이지도 않다"는 것이다. 왜냐하면 라스키는 결국 "인류"(die humanity)라는 "완전히 일원론적 · 보편적이며 결코 다원론적이 아닌 개념"으로 끝나기 때문이다.[82]

끝으로 슈미트는 라스키의 다원주의를 포함한 이른바 휴머니즘적 자유주의를 "비정치적"인 것으로 비판한다. 왜냐하면 "정치적 영

---

80 같은 책, pp. 44-45/52-53/44-45.
81 같은 책, pp. 70/84/69.
82 같은 책, pp. 44-45/52-53/44-45.

역에서는 인간이 추상적 인간이 아닌 정치적으로 이해를 갖고 또 정치적으로 결정된 인간으로서, 다시 말하면 시민, 또는 치자나 피치자, 또는 정치적 동맹자나 적대자 등등 항상 정치적 범주 안에서 대립한다." 따라서 "정치의 영역에서 정치적인 것을 제거하고 일반적인 인간의 평등성만을 남겨둘 수는 없다."[83]

반면에 휴머니즘적 자유주의에서는 모든 적은 경제적 "경쟁자" (Konkurrenten)나 정신적인 "논쟁상대"(Diskussionsgegner)로 대체되며, 또 모든 집단은 "윤리와 경제의 양극 사이에 존재하는 중립적인 소비조합이나 생산조합"으로 전환된다.[84] 따라서 여기서는 어떠한 "국가도 제국도 왕국도, 공화제도 군주제도, 귀족제도 민주제도, 보호도 복종도 알" 수 없게 되며, 또 "어떠한 정치적 성격도" 가질 수 없게 된다.[85]

83 Carl Schmitt, *The Crisis of Parliamentary Democracy*, *op. cit.*, p. 11. 본고는 국역본으로 칼 슈미트/박남규 역, 『현대 의회주의의 정신』(서울 : 탐구당, 1987)과 독어본 Carl Schmitt, *Die geistesgeschichtliche Lage der heutigen Parlamentarismus* (Sechste Auflage, Berlin : Dunker & Humbolt, 1985)도 아울러 인용할 것이다. 인용의 순서는 앞의 예에 따라서 영역본/국역본/독어본의 순서로 할 것이다. 즉 칼 슈미트, 『현대 의회주의의 정신』, pp. 11/30/17.

84 칼 슈미트, 『정치적인 것의 개념』, 앞의 책, pp. 28, 71/35, 86/28, 70.

85 같은 책, pp. 53-58/65-70/54-58.

(3) 의회해체론의 전개

슈미트의 의회해체론은 그의 독특한 민주주의론의 전개과정에서 제기된다. 그것은 특히 '비정치적' 또는 '경제주의적' 자유주의자들의 의회주의에 대항해서 민주주의—그는 자신의 민주주의를 "동일성"의 원칙이 관철되는 "시종일관된 민주주의"(die konsequente Demokratie)[86] 또는 "혼합적"인 부르주아 민주주의와 대중민주주의에 대립되는 "순수 민주주의"(die reine Demokratie)[87]라고도 부른다—를 옹호한다는 점에서 충격적이다. 그에 의하면, 민주주의는 여러 시대에 여러 가지 다른 형태로 존재할 수 있다. 그것은 "군국주의적일 수도 평화주의적일 수도, 절대주의적일 수도 자유주의적일 수도, 중앙집권적일 수도 지방분권적일 수도, 진보적일 수도 반동적일 수도 있다."[88] 마찬가지로 "민주주의는 현내 의회주의라는 것이 없이도 존재할 수 있으며, 의회주의 역시 민주주의가 없이도 존재할 수 있다." 뿐만 아니라 "독재"는, 피히테식 "교육독재"나 자코뱅식 "이성적 독재"에서 보듯

86 칼 슈미트,『현대 의회주의의 정신』, 앞의 책, pp. 14/35/20.

87 C. Schmitt/김기범 역,『헌법이론』(서울 : 교문사, 1975), pp. 223, 227, 257. 이 책을 인용하는 데 있어서도 독어본인 Carl Schmitt, *Verfassungslehre*(Achte Auflage, Berlin : Dunker & Humbolt, 1993)를 참조할 것이며, 경우에 따라서는 국역을 다소 수정할 것이다. 인용은 칼 슈미트,『헌법이론』, pp. 223, 227, 257/203, 207, 235(국역본/독어본)으로 할 것이다.

88 칼 슈미트,『현대 의회주의의 정신』, 앞의 책, pp. 25/55/34.

이 "민주주의에 결정적으로 대립하는 것은 아니며, 민주주의도 독재에 결정적으로 대립하는 것은 아니다" ; 어떤 의미에서 "독재는 민주정적 기반 위에서만 가능할 수 있"으며,[89] 또 "적어도 이론상으로 민주주의는 항상 독재이론의 한 부분을 이루었다."[90]

역사적으로 볼 때에도 "독재 개념"이 "현실로 나타나는 것"은 "민주주의에 대해서가 아니"라 "의회주의" 또는 "의회주의적 입헌주의에 대한 것이"었다. 이런 점에서 슈미트는 "1848년이라는 위기의 해"를 "민주주의의 해이며 동시에 독재의 해"라고 본다. 왜냐하면 "이 양자는 의회주의적 사상을 추종하는 부르주아적 자유주의와 내립하고 있었"기 때문이다.[91] 여기서 슈미트는 "의회주의"가 "민주적 이념과 거의 동시에 나타났고 그것과 밀접한 관련을 갖고 있음에도 불구하고" 반드시 "민주주의적인 것은 아니"라고 본다.[92] 오히려 그는 의회

89 같은 책, pp. 28, 30, 32/61, 65-66, 68/37, 39, 41 ; 칼 슈미트, 『헌법이론』, 앞의 책, pp. 259/237. 슈미트는 루소(Rousseau)에 의지하여 이렇게 말한다 : "그[루소]는 90인의 부패된 사람들이 10인의 훌륭한 사람들을 지배하는 것은 추호도 민주정적이 아니라는 것과 민주정의 실질이 … 상실될 때에는 모든 결의의 전원일치제도 아무 도움이 되지 않는다는 것을 알고 있다. 백인의 노예근성을 가지고 있는 사람들의 의사는 전원일치의 경우에 있어서도 하등의 자유로운 의사를 산출하지 못하고, 정치적 관심이 없는 천 사람의 비정치적인 의사는 아무리 집계해도 존중할 만한 정당한 정치적 의사를 산출하지 못한다"(같은 책, pp. 276/252).

90 칼 슈미트, 『현대 의회주의의 정신』, 앞의 책, pp. 64/131/76-77. Michael Walzer는 1960년대의 Herbert Marcuse도 "민주적 교육 독재"론을(a democratic educational dictatorship) 옹호했던 것으로 지적한다. Michael Walzer, "On the Nature of Freedom", in Dissent(Nov.-Dec., 1966), p. 728.

91 같은 책, pp. 51/108/63-64.

주의의 원리인 "대표성"과 민주주의의 원리인 "동일성"은 상호 모순적인 관계에 있다고 말한다 :

> … 대의(代議)사상은 정치적 통일체로서 현존하는 인민의 자기 동일성이라는 민주정적 원리와 모순된다(Der Gedanke der Repräsentation widerespricht dem demokratisxhen Prinzip der Identitat der anwesenden Volkes mit sich selbst als politischer Einheit).[93]

다른 한편 민주정의 원리를 철저하게 실시하면 대표의 최소화로 귀결된다.[94]

> … 민주정의 귀착점은 선거의 폐지와 그때그때 현존하는 인민의 동일성 안에서 인민을 통한 실질적 결정(Sachbestimnung)이다.[95]

슈미트의 특이성은 첫째, "민주주의의 기본 원리"를 "동일성"에서

92 같은 책, pp. 34/71/42.

93 칼 슈미트, 『헌법이론』, 앞의 책, pp. 287/262.

94 같은 책, pp. 289/265. 슈미트는 "귀족정의 정치형태는 대표사상에 의거한다"고 본다(같은 책, pp. 320/292).

95 같은 책, pp. 282/257. 슈미트는 "아리스토텔레스도 추첨에 의한 선임을 민주적 방법으로 보는 반면, 선거에 의한 선임을 귀족정의 방법으로" 보았다고 말한다(같은 책, pp. 281/257). 그리고 슈미트가 말하는 "실질적 결정"(Sachbestimmung)이란 "인민투표"(Volksabstimmung)에 의한 "직접적인 실질적 결정"(unmittelbarer sachlicher Entscheidung)을 뜻한다(같은 책, pp. 277/252).

찾는 데 있다. 그에 의하면 "민주주의"는 "결단"(Entscheidungen)과 "결단자"(Entscheidenden) 간의 "동일성"(Identität)에 입각한다 : "내려질 결단은 모두 결단한 자에 대해서만 유효해야 한다는 것이 민주주의의 본질이다." 이와 같은 "동일성"은 "치자와 피치자", "지배자와 피지배자", "국가적 권위의 주체와 객체", "인민과 그의 의회대표", "국가와 인민 또는 투표하는 인민", "법률과 국민의사", 그리고 "양적인 것(수적 다수 또는 만장일치)과 질적인 것(법률의 정당성)" 간의 "동일성" 등등으로 표현된다.[96] 이에 따라 슈미트는 "민주정"을 "지배자와 피지배자, 치자와 피치자, 명령자와 복종자의 동일성"으로, 또는 이를 약하여 "지배자와 피지배자의 동일성"으로 일단 정의하고, "국가는 계약에 근거를 두고 있는 것이 아니라 인민의 자기 자신과의 동질성과 동일성(Homogenität und Identität des Volkes mit sich selbst)에 근거를 두고 있"으며, 또 이와 같은 주장은 "민주정적 사고의 가장 강력하고 가장 철저한 표현"이라고 확신한다.[97]

둘째, 슈미트가 말하는 "동일성"은 "동질적 동일성"이라는 데 특징이 있다. 그는 이렇게 말한다 : "민주정 국가의 본질을 구성하는 것은 동질적 실재의 동일성이다"(Identität der homogenen Substanz, die das Wesen des demokratischen Staates ausmacht). 그리고 이를 "한층 더 정당화하기 위하여 후설(E. Husserl)의 『논리연구』 II"에 나오는 논의를 인용

96 칼 슈미트, 『현대 의회주의의 정신』, 앞의 책, pp. 25-26/55-58/34-35.

97 칼 슈미트, 『헌법이론』, 앞의 책, pp. 252, 257/229-230, 234-235.

한다. 즉, "동등성이란 동일한 종에 속한 대상들 간의 관계이다" (Gleichheit ist das Verhältnis der Gegenstände, welche ein und derselben species unterstehen).[98] 여기서 슈미트는 "동일성"을 "동일한 종에 속한 동일성", 바꾸어 말해서 "동질적 인민의 동일성"으로 규정함으로써 폐쇄주의적인 경향과 이질적 요소에 대한 강한 거부감을 드러낸다. 그의 폐쇄주의적 경향은 다음과 같은 언급에서도 엿볼 수 있다 : "민주주의에 반드시 속한 것으로 첫째, 동질성(Homogenität)이고 둘째,—필요한 경우에는—이질적인 것의 배제 또는 섬멸(Vernichtung)이다. … 민주주의가 정치적으로 어떤 힘을 발휘하는가는 그것이 이방인이나 평등하지 않은 자, 즉 동질성을 위협하는 자를 배제하거나 격리할 수 있다는 데서 나타난다."[99] 그리고 이와 같은 "동일성"의 원칙에 부합되는 "사고" (Denken)를 "내재주의"라고 밝힌다 :

---

98 같은 책, pp. 258/235-236. 슈미트가 인용한 구절은 후설의 *Logische Untersuchungen* II 2, S 112로서 그 인용된 전문은 다음과 같다 : " 'Jede Gleichheit hat Beziehung auf eine species, der die Vergleichenen unterstehen. Und diese species ist beiderseits nicht abermals ein bloß Gleiches und kann es nicht sein, da sonst der verkehrteste regressus in infinitum unvermeidlich wäre … Gleichheit ist das Verhältnis der Gegenstände, welche ein und derselben species unterstehen. Ist es nicht mehr erlaubt, von der Identität der species zu sprechen, von der Hinsicht, in welcher die Gleicheheit statt hat, so verliert auch die Rede von der Gleichheitihre Boden. (Vgl. hierzu die Auseinandersetzung von H. Lipps, *Untersuchungen zur Phänomenologie der Erkenntnis*, I. Teil, Bonn 1927, S. 10ff)" (같은 책, 같은 곳).

99 칼 슈미트, 『현대 의회주의의 정신』, 앞의 책, pp. 9/24-25/14.

> … 모든 민주정의 사고는 명백히 필연적으로 내재적 관념(Immanenzvorstellung) 속에서 활동한다. 내재성으로부터 이탈하는 것은 모두 동일성을 파괴하게 될 것이다. 인민의 정치생활 속에 들어오는 어떠한 초월적인 것도 높은 것과 낮은 것, 위의 것과 아래 것, 선택된 자와 선택되지 않은 자 등과 같은 질적 차별을 초래한다. 반면 민주정에 있어서는 국가권력이 인민으로부터 나오지 않으면 안 되고, 인민의 외부나 인민의 위에 있는 사람이나 지위로부터 나올 수 없다. … [이런 점에서 민주정은] 신의 이름으로서 인민에 대하여 자기의 의사를 강요하는 모든 다른 이질적인 기관에 대한 거부, 다시 말하면 인민에게 고유한 실질적 동질성으로부터 유래되지 않는 모든 정치적 영향과 효과에 대한 거부라는 전투적 의미를 갖는다.[100]

셋째, 슈미트는 "계약론"에 반대함에도 불구하고 "루소"를 "근대 민주주의의 출발점에 서 있는" 철학자로, "루소의 『사회계약론』"을 "민주주의 사상에 있어서 기본적인 것"으로 받아들인다. 슈미트에 의하면, 루소의 『계약론』은 "자유주의"와 "민주주의"의 "두 이질적 요소"를 모두 포함한다. "외형은 자유주의적이다. 즉 국가의 적법성은 자유로운 계약에 근거한다." 또 이러한 "계약은 확실히 다양성과 대립을 전제"로 하며, 그것은 "자유주의에" 뿌리를 두고 있다. 그러나 "서술이 보다 진전되고 일반의사(volonté générale)라는 본질적인 개념이 나타나면서 루소에 의해서 제시되는 것은 인민의 동질성으로 말미암

---

100 칼 슈미트, 『헌법이론』, 앞의 책, pp. 260/237-238.

아 만장일치가 지배하는 곳에서만 진정한 국가가 존재하게 된다는 것이다. 『사회계약론』에 의하면 국가 안에는 어떠한 정당도 어떠한 특수 이익도 어떠한 종교적 차이도 있어서는 안 되며, 인간을 분열시키는 것은 전무해야만 하고 재정(Finanzwesen)조차도 있어서는 안 된다."[101]

슈미트의 "동일성"의 원리는 어떤 의미에서 루소의 "일반의사"를 "공통적 이익", 다시 말하면 이익의 "동일성"으로 이해하고, "루소의 이상적 민주정"을 "인민의 동일성과 동질성"이 고도로 확보된 민주정과 동일시한다. 그리고 "이익과 정의의 '경탄할 만한 일치'"는 일반의사로부터 나오는 것이며, "사적 이익이나 특수 이익의 토론" 또는 타협으로부터 나올 수 없다고 본다. 이와 동시에 그는 "루소의 이론구성이 동어반복적인 순환에 빠진다"는 점도 아울러 지적한다. 왜냐하면 일반의사가 존재하는 곳에서는 사회계약이 필요 없으며, 일반의사가 없는 곳에서는 사회계약이 아무런 도움도 줄 수 없기 때문이다.[102]

여기서 슈미트는 루소에 따라 "인민"(Volk)을 "통치하지 않고, 대표하지 않고, 위계적으로(behördenmäßig) 조직된 권능을 행사하지 않는 자들"로 정의하고 또 다음과 같이 부연한다 : "인민은 이 말의 독

101 칼 슈미트, 『현대 의회주의의 정신』(앞의 책, pp. 13/33-34/19).

102 칼 슈미트, 『헌법이론』, 앞의 책, pp. 299/274 및 칼 슈미트, 『현대 의회주의의 정신』, 앞의 책, pp. 14/35/20.

특한 의미에 있어서는 저명하지 않고 차이가 나지 않는 모든 사람, 특권이 부여되지 않은 모든 사람, 재산이나 사회적 지위 또는 교육 때문에 선발된 사람이 아닌 모든 사람들"을 가리킨다. "그러므로 쇼펜하우어는 라틴어를 해독하지 못하는 사람들이 인민에 속한다고까지 말하였다."[103]

특히 슈미트는 "인민은 대표될 수 없다는 루소의 유명한 명제"를 그의 "동일성"이론의 근간으로 삼는다 : "인민은 현존하지 않을 수 없기 때문에 대표될 수 없고, 현존하는 것이 아닌 단지 현존하지 않는 것만이 대표될 수 있다. 현존하고 실제로 집합해 있는 인민에 있어서는 그리스 민주정의 광장에 모인 인민 집회나 로마의 공화당에 모인 성인 남자 또는 군대의 집회, 또는 스위스의 주회에서 보듯이 최고도로 가능한 동일성이 존재한다" ; "대표한다는 것은 보이지 않는 존재를 공적으로 현존하는 존재를 통해서 보일 수 있게 하고 현존화(現存化)시키는 것(vergegenwärtigen)이다. 대표 개념의 변증법은 보이지 않는 것은 현존하지 않는 것으로 전제되면서 동시에 현존하는 것으로 만들어지는 데 있다. 이것은 어떤 종류의 존재에 관해서도 임의로 만들어지는 것이 아니고, 특수한 종류의 존재를 전제로 한다. 생명이 없는 것, 가치가 적은 것과 무가치한 것, 저급한 것은 대표될 수 없다" ; "인민은 현존하고 있다. 인민은 대표될 필요도 없고 대표될 수도 없다. 루소로부터 종종 인용되는 이 말은 논박의 여지가 없는 민주주의의 사

103 칼 슈미트, 『헌법이론』, 앞의 책, pp. 264-265/241-243.

상이다."[104] 그는 또한 "민주적 통치"는 민주적 동일성을 폐기하지 말아야 하며, 이것은 "인민 전체로부터"(durch das Volk) 나오는 "신임"(Vertrauen)에 의해서만 담보될 수 있다 :

> … 민주정에 있어서 통치하는 사람들은 그가 가치가 낮은 하층부에 비해 질적으로 더 훌륭한 상층부의 특성을 가지고 있기 때문에 통치를 하는 것이 아니다. 이것은 당연히 민주정적 동질성과 동일성을 폐기시킬 것이다. 위대한 재능과 지식은 인민들로 하여금 이와 같은 재능과 지식을 갖은 동료로 하여금 그들의 지도와 통솔을 맡도록 허용할 수 있다는 것은 충분히 납득할 만하다. 그러나 그는 인민의 신임(Vertrauen)을 얻고 있는 한에서만 통치할 수 있다. 그는 특별한 존재로부터 권위를 얻은 것은 아니다. 최선의 사람들과 가장 재능이 많은 사람들만이 인민으로부터 위탁을 받을 수 있다면 그보다 더 좋을 것이 없다. 그러나 민주정 국가에서 가장 유능한 자질을 선출하고 선택하는 방식이 민주정 전체의 전제(前提)인 모든 사람들의 질적 · 실질적 동등성을 위태롭게 만드는 특수층의 형성으로 가는 것은 결코 허용되어서는 안 된다. 통치하는 사람들은 인민을 통해서 구별되며, 절대로 인민으로부터 구별되는 것은 아니다(Diejenigen, die regieren, sind durch das Volk, nicht vom Volk, unterschieden).[105]

넷째, 슈미트는 한편으로는 "공론"(öffentliche Meinung)의 중요성을 강조하면서도 다른 한편으로는 "토론"에 대해 강한 불신을 나타낸

104 같은 책, pp. 266, 287 ; 230, 225/243, 262 ; 209, 205.
105 같은 책, pp. 259/237.

다. 먼저 슈미트는 “공론 없는 민주정과 국가는 존재할 수 없다”[106]고 말함으로써 공론의 가치에 대해 일단은 큰 의미를 부여한다. 여기서 슈미트가 말하는 “공론”은 “공적 영역”(Sphäre der Publizität) 또는 “공공영역”(Sphäre der Öffentlichkeit)을 전제로 하며, 또 이러한 “공공영역”의 출현은 인민의 “현존성”(Anwesenheit)을 그 요건으로 한다 : “인민은 공적 영역에서만(nur in der Sphäre der Publizität) 존재”하며, 또 “공공영역에서만(nur in der Sphäre der Öffentlichkeit) 존재하는 개념이다. 인민은 공공성에서만 존재하고, 일반적으로는 공공성을 우선적으로 실현한다. 인민과 공공성은 동시적이다. 공공성 없는 인민은 존재하지 않고, 인민 없는 공공성은 존재하지 않는다. 더욱이 인민은 그 현존성(Anwesenheit)에 의해서 공공성을 실현한다. 현존하는 실제적으로 집합한 인민만이 인민이고 공공성을 복원한다.”[107]

그러나 여기서 주의할 것은 (1) 슈미트가 말하는 “공론”은 “조직화되지 않은”(unorganisiert), 자연발생적인 계기에 의해서만 진정한 공론으로 성립될 수 있다는 점이다. 이와 같은 슈미트의 견해는 헤겔의 입장과 크게 다르지 않다. 헤겔 역시 “공론은 ‘인민이 의지하고 생각하고 있는 그대로를 알게 해주는 비조작적 방법’”(eine öffentliche Meinung ist die ‘unorganische Weise, wie sich das, was ein Volk will und meint, zu erkennen gibt’)이라고 말한 바 있다.[108] 따라서 만일 “공론이 일종의 전

106 칼 슈미트, 『헌법이론』, 앞의 책, pp. 269/247.

107 같은 책, pp. 266/243. 칼 슈미트, 『현대 의회주의의 정신』, 앞의 책, pp. 16/40/22.

문적인 기능(eine Art amtlicher Funktion)으로 변하게 되면 그 본질을 상실하게 된다."[109] 이런 점에서 공론은 "인민[110]이 목적 여하를 불문하고 단순히 집합해 있고, 또 조직화된 이익집단이 아닌 형태로 나타날 때에만", 말하자면 "가두시위나 공공축제, 극장이나 경기장 또는 스타디움 등에서 갈채하는 인민 가운데서만 존재"할 수 있다. 이 점은 또한 슈미트가 오늘날의 여론조사 방법에 대해 불만을 갖는 이유이기도 하다. 그는 이렇게 말한다 :

> … 지난 반세기에 걸쳐 세심하게 개발된 통계처리 방법에 못지않게 또는 그보다 더 낫게 인간의 의지는 환호와 갈채와 명백하고 순종적인 현존재를 통해서(durch selbstverständliches, unwidersprochenes Dasein) 더 민주적으로 표현된다.[111]

(2) 슈미트가 말하는 "공론"의 장에서 인민은 단지 "갈채"할 뿐 토론하지 않는다. 말하자면 극히 "단순하고 초보적인" 참여양식을 취한다. 그들은 단지 "찬성" 아니면 "반대"라는 최소한의 결정에만 참여한다. 슈미트는 이 점을 다음과 같이 말한다 :

108 칼 슈미트, 『현대 의회주의의 정신』, 앞의 책, pp. 47/100/59에서 재인용.
109 칼 슈미트, 『헌법이론』, 앞의 책, pp. 269/247.
110 같은 책, pp. 266/244.
111 칼 슈미트, 『현대 의회주의의 정신』, 앞의 책, pp. 16/40/22.

> … 인민은 갈채할 수 있다. 다시 말하면 단순한 외침으로써 그의 동의 또는 거부를 표시할 수 있고, 만세 또는 야지를 외치고, 한 지도자 또는 나의 제의를 환호하고, 국왕 또는 다른 어떤 사람을 위해 만세를 제창하고, 침묵 또는 야지로써 갈채를 거부할 수 있다.[112]

> 인민의 직접적인 의사표시의 자연적인 형식은 집합된 군중의 찬성 또는 반대하는 외침, 즉 갈채이다. 현대의 광역국가에서는 모든 인민의 자연적이고 필요불가결한 생활의 표시인 갈채의 형태가 변하였다. 여기서는 '공론'으로 표시한다. 그러나 인민은 항상 일반적으로 가(可) 또는 부(否), 즉 찬성 아니면 반대만을 할 수 있다. 또 이와 같은 인민의 가부(可否)는 자기 자신의 전체적 존재에 관한 기본적인 결정이 문제가 되면 될 수록 더욱 단순하고 초보적으로 된다.[113]

이런 점에서 슈미트가 말하는 "공론"은 로마공화정의 "민회"에서 실시되던 "인민투표"를 방불케 한다. 슈미트에 의하면,

> … 집정관이 현장에 집합해 있는 인민과 상호 대면하게 되는 순수 민주정에서는 그것[즉 인민투표]은 통상적인 입법절차이다. 가령 로마의 국가법에 의하면 집정관이 로마 시민들에게 '너희들에게 묻노라'(vos rogo, quirites)라는 물음을 던지고, 여기에 대해 가(uti rogas) 또는 부의 해답이 행해진다. … '그러므로 전체 시민에게나 개별 시민에게나 발의권

112 칼 슈미트, 『헌법이론』, 앞의 책, pp. 266/243-244.

113 같은 책, pp. 104/83-84.

(Initiative)은 전연 인정되지 않는다. 그들은 단지 대답을 할 뿐이고, 자기들 편에서 집정관에 대하여 이것 또는 저것에 찬성한다는 물음을 제기할 수 없다 … .'[114]

결국 한 가지 분명히 드러나는 것은 슈미트에 있어서의 "공론"은 "갈채" 이상의 의미를 갖지 않는다는 점이다. 이것은 그가 첫째로 "토론에 대한 믿음이 민주주의가 아닌 자유주의에 뿌리를 두고 있다"[115]는 생각에 사로잡혀 있기 때문이고, 둘째는 부르주아의 "토론"은 "결단"을 "회피"하려는 계략이라는 편견 때문이며,[116] 셋째는 "공론"을

115 칼 슈미트, 『현대 의회주의의 정신』, 앞의 책, pp. 15/38/21.

116 이런 점에서 슈미트는 스페인의 급진 우파 철학자인 Donnos Cortés의 견해에 전적으로 찬성을 표한다 : "도노스에 의하면 부르주아 자유주의의 본질은 이 투쟁에서 결판내는 것이 아니라 그 대신에 토론을 전개하려고 노력하는 데 있다. 그는 부르주아지를 바로 토론하는 계급(una lcasa discutidora)이라고 정의한다. 이리하여 부르주아지는 규탄을 받는다. 왜냐하면 그들은 결단을 회피하려고 하기 때문이다. 모든 정치활동을 신문이나 의회와 같은 언론으로 옮기려는 계급은 사회투쟁의 시대에 대응하지 못한다. 7월 왕국시대의 자유주의적 부르주아지의 내적인 불안정성과 불철저성은 주지하는 바이다." ; "그러므로 토론하는 계급(clasa discutidora)이라는 부르주아지의 정의나 언론출판의 자유가 부르주아지의 종교라는 인식은 그 좋은 예이다. 나는 그의 이 말을 자유주의에 대해서는 탁월한 착상이라고 생각한다. 예를 들면 꽁도르세(Condorcet)의 체계"에 따르면 "단지 입법부뿐만 아니라 민중 전체가 토론하며, 인간사회가 하나의 거대한 클럽으로 변하고, 이리하여 진리는 토론을 표결한 결과 저절로 생겨나온다는 것이 정치생활의 이상이라는 것을 실제로 믿지 않으면 아니된다. 도노스는 이것이야말로 책임을 회피하기 위한 사상이며, 언론출판의 자유의 중요성을 지나치게 과장하여 결국 정치문제 모두를 토론하며 교섭재료로 삼듯이, 형이상학적인 진리도 토론 속에 해소시켜 버리려고 한다. 자유주의의 본질은 교섭이며, 결정적인

"현대식 갈채"로 보고 있는 데도 그 이유가 있다. 사실 그는 "공론이 갈채의 의미를 가질 수 있다는 점에 공론의 본질과 그 정치적 의의가 존재한다"고 믿고 있다.[117]

공론에 관한 슈미트의 이와 같은 소극적 또는 "초보적" 인식은 "토론"과 여기에 입각한 "의회주의"에 대한 그의 부정적 입장과 맞물려 있다. 슈미트는 근대 의회주의 제도의 핵심은 "공개성과 토론"(Öffentlichkeit und Diskussion)에 있다고 본다. 그는 이 두 요소를 "의회주의"와 의회주의의 정신적 기초가 되는 "상대적 합리주의"(die relative Rat-ionalismus)를 지탱하는 "2개의 원칙"이라고 말한다[118] : "의회에 특유한 모든 제도와 규범은 토론과 공개성에 의해서 비로소 그 의의를 갖게 된다" ; "의회는 공개적 토론이 진지하게 받아들여져서 실현될 때에만 '진실한 것'이다."[119] 그러나 슈미트는 "오늘날 공개성과 토론에 대한 신념은 뭔가 시대에 뒤떨어진 것 같이 보인다"고 토로한다. 그는 "아마도 토론의 시대는 다 지나가 버렸는지도 모른다"고 자문하기도 한다. 그리고 앞으로도 "토론의 시대(das Zeitalter der Diskussion)를 회복하는 것은 불가능할 것"으로 내다보면서, "토론에 의한 정부"(gov-

---

대결과 피비린내 나는 결전은 의회의 토론으로 변하고, 결정은 영원한 토론에 의해서 영원히 정지될 수 있다는 희망을 가지고 천천히 기다리는 것이다." 칼 슈미트, 『정치신학 외』, 앞의 책, pp. 60, 62-63.

117 칼 슈미트, 『헌법이론』, 앞의 책, pp. 269/246-247.

118 칼 슈미트, 『현대 의회주의의 정신』, 앞의 책, pp. 48/102/61.

119 같은 책, pp. 3, 4/13, 16/7, 9.

ernment by discussion)라는 지금까지의 "의회주의에 관한 무수한 정의들은 '케케묵은 것'(verschimmelt)으로서 마땅히 폐기되어야 한다"고 결론짓는다.[120]

여기서 슈미트가 말하는 "토론"은 단순한 "거래"(Verhandeln)나 "타협"과는 구별되는 "특별한 뜻"을 갖는다. "거래라면 모든 외교사절들의 모임이나 대표자회의, 주역회의에서 이루어지며, 절대왕정 국가의 내각 간에도, 신분적 조직 간 또는 기독교도와 터키인 사이에서도 이루어진다." 이와 같은 "거래와 타협"은 그야말로 "세계사 도처"에서 발견된다. "그러나 거기에서 근대 의회제도"나 "통치제도" 또는 "국가형태"가 "나타나는 일은 없다." 이와 같은 거래에서도 물론 "이익과 이득의 기회를 교량하고 달성하기 위하여, 그리고 자신의 이익을 가능한 한 달성시키기 위하여 많은 연설과 논의를 거치게 되지만" 이것을 토론이라고 하지 않으며, 또 "두 사람의 상인이 서로 경합하다가 한 자리에 만나서 쌍방의 경제적 조건을 따져보고 각자의 분명한 이익이 무엇인지를 탐색하는 과정에서 사업상의 타협점에 도달하지만" 이것을 "공개성"이라 부르지 않는다.

슈미트가 말하는 토론의 "특별한 뜻"은 "합리적인 논거에 의해서 상대에게 진리와 공정성을 납득시킨다든지, 상대에 의해서도 진리와 공정성을 납득한다는 목적에 의해 지배되는 의견의 교환"을 뜻한다. 그리고 이러한 토론이 가능하기 위해서는 "설득당하는 데 기꺼이

---

120 같은 책, pp. 2, 1, 76, 7/10-11, 155, 22/6, 5, 9, 12.

응할 각오, 당파적 속박으로부터의 독립성, 이기적 이해관계에 구애받지 않는 것" 등등에 대한, 다시 말해서 토론 참여자의 "불편부당성"(Uninteressiertheit)에 대한 "공통된 확신"이 전제되어야 한다. 그러나 슈미트는 오늘날 이와 같은 "불편부당성"은 찾아보기 어려우며, 따라서 이에 대한 "공통된 확신"은 사실상 불가능하다고 못박는다.[121]

슈미트는 이와 같은 "불가능성"의 첫 번째 예로서 "현대 의회"의 문제점을 생생하게 지적한다 : "현대 대중민주주의의 발전은 논쟁적인 공개토론을 하나의 공허한 형식으로 만들었고, 이로 말미암아 의회주의도 위기에 빠지게 되었다. 오늘날 국회법상의 많은 규칙들(Normen), 특히 의원의 독립과 회의의 공개성에 관한 규정들은 불필요한 장식적 기능에 불과하며, 무용하고 심지어는 성가신 존재이기도 하다. 그것들은 마치 뜨거운 열의 환상을 주기 위하여 붉은 불길이 타오르게 그린 근대식 센트럴 히팅의 모습과 같다." 일찍이 카부르(Cavour)가 지적했던 말, 즉 "아무리 나쁜 의사당일지라도 가장 좋은 밀실보다 낫다"(La plus mauvaise des Chambres est encore préférable à la meilleure des Antichambres)는 명언이 이제는 무색하게 되었다. 왜냐하면 "오늘날의 의회는 눈에 보이지 않는 권력자의 사무실이나 위원회에 들어가기 위한 하나의 커다란 대기실(Antichambre)"이 되었기 때문이다. 따라서 "만일 누군가가 벤담(Bentham)을 따라서 '의회란 생각들이 만나고, 이들 간의 불꽃튀는 접촉을 통하여 명증성을 획득하는 곳'이라고 말한

121 같은 책, pp. 4-6/16-19/9-10.

다면, 그것은 고작해야 우스갯소리 정도로 들릴 것이다. 누가 나폴레옹 3세의 '개인체제'에 반대하여 의회주의의 가치를 갈파했던 프레보스트-파라돌(Prévost-Paradol)의 통찰력을 아직도 기억하고 있겠는가?" 파라돌(Paradol)은 "의회의 가치"를 "현실 권력의 끊임없는 변동 속에서 권력의 실세를 즉각적으로 공개토록 강제함으로써 결과적으로는 정부만이 외양과 실재(Schein und Sein)의 '놀라운' 일치 속에서 항상 최강의 권력임을 보여주는 데 있다"고 지적한 바 있다. "누가 아직도 이와 같은 공개성을 믿겠으며, 또 의회를 저 위대한 '민회'(die große 'Tribüne')라고 믿겠는가?" 그래도 "만일 아직도 의회주의를 신봉하는 자가 있다면 그는 마땅히 새로운 논거를 제시해야 할 것"이라고 슈미트는 일갈한다.[122]

슈미트가 드는 두 번째 예는 "정당정치"의 현실이다. "오늘날 정당은 더 이상 토론하는 의견집단이기보다는 사회적 또는 경제적 권력집단으로서, 서로 대립하고 쌍방 간의 이익과 권력획득의 가능성을 교량하고, 또 이와 같은 사실에 근거하여 타협하고 제휴한다." 이들 정당들은 대중들에게 "막강한 영향을 미치는 선전기관을 동원하여 눈앞의 이익과 격정에 호소함으로써 대중을 장악한다." 여기서 "참된 토론을 특징짓는 논쟁의 고유한 의미는 사라지"고, "그 대신에 이익과 권력획득의 기회를 잡기 위한 정당 간의 계획적인 계략과 대중동원에 있어서 광고효과가 높은 선정적인(eindringlich) 암시"나, 또는 윌터

122 같은 책, pp. 6-7/19-22/10-12.

리프만(Walter Lippmann)이 말한 이른바 "'심볼'이 등장한다." 이제 정당정치의 주된 관심사는 "상대를 공정성이나 진리에 의해 설득하는 것이 아니라, 다수를 확보하여 이것을 수단으로 지배하는 데"에 쏠리고 있다. 이로 말미암아 카부르(Cavour)가 지적했던 "절대주의와 입헌주의" 간의 본질적인 차이점, 다시 말하면 "절대주의의 장관은 명령하고 입헌주의의 장관은 설득한다"는 차이점은 더 이상 찾아볼 수 없게 되었다.[123]

끝으로 슈미트는 이상과 같은 "공개성"과 "토론"의 불가능성으로부터 "의회는 이제 종결되었다"(das Parlament ist dann erledigt)[124]는 의회주의의 종언을 선고한다. 마침내 "명증적 진리"의 산실로서의 의회의 시대는 막을 내리고 기술적인 전문부서로서의 의회만이 남는다. 의회는 "본질 없는 사회적-기술적 임시방편"(wesenlose sozial-technische Behelfe)[125]으로 형해화되고 해체된다. 슈미트는 사족으로 이렇게 덧붙인다 : "토론에 의한 정부인 의회주의에 대한 신념은 자유주의 사유세계에 속한 것이지 민주주의에 속한 것은 아니다. 자유주의와 민주주의, 이 둘은 서로 분리되어야 한다." 또한 그는 "모든 독재"가 "반자유주의적이기는 하지만 반드시 반민주적이지는 않다"고 회유한다. "민주주의의 역사를 살펴보면 많은 독재체제와 시저주의" 또는 반자

123 같은 책, pp. 7/19-21/11.
124 같은 책, pp. 8/24/13.
125 같은 책, pp. 16/38/22.

유주의적인 "예들이 존재한다"고 강변하기도 한다.[126] 그러나 우리는 이와 같은 그의 주장 속에서 의회주의로부터 민주주의를 분리하여 이것을 독재와 결합시키려는 의도를 감지하게 된다. 그는 이 점을 다음과 같이 천명한다:

> … 독재적 또는 시저적 방법은 인민의 갈채에 의해서 지지될 뿐만 아니라 민주적 실체와 힘의 직접적 표현도 될 수 있다(diktatorische und zäsaristische Methoden nicht nur von der acclamatio des Volkes getragen, sondern auch unmittlabare Äußerungen demokratischer Substanz und Kraft sein können).[127]

3. 라스키의 주권해체론

칼 슈미트(1888-1985)보다 5년이 젊은 해롤드 조세프 라스키(Harold Joseph Laski, 1893-1950)는 32세가 되는 1925년에 그의 주저인 『정치학 강요』(*A Grammar of Politics*)[128]를 출판하였다. 그러나 이 책의 구상

126 같은 책, pp. 16/39/22.

127 같은 책, pp. 17/40/23.

128 김학준은 *A Grammar of Politics*를 『정치학 전범(典範)』(라스키 저/김학준 역, 『현대국가에 있어서의 자유』, 서울대학교출판부, 1987, p. 10)으로 번역하였으나 필자는 1949년의 민병태 번역본에 따라 『정치학 강요』(政治學 綱要)로 번역

은 23세의 젊은 나이로 하버드 대학의 강사로 재직했던 1916년부터 시작되었던 것으로 보인다. 이것은 52년이나 연상인 그 당시 75세의 올리버 웬델 홈즈(Oliver Wendell Holmes) 판사에게 그가 보낸 서한문들을 통해 알 수 있다.[129] 특히 라스키는 1917년 4월 23일자 편지에서 이렇게 말한다 :

> **국가에 관한 책을 쓰고 싶어 나의 손이 근질근질합니다. 이제부터 7년간은 신(God)도 인간도 막을 수 없습니다**(Holmes-Laski Letters, vol. I, p. 81).

그후의 편지에서도 "국가에 대한 대저의 계획"(the plan of the big book on the state)을 몇 차례 언급 한다 : "국가권력의 증대는 결과적으로 자유의 쇠퇴를 가져왔다는 것에 대한 한 권의 좋은 책이 쓰여져야 합니다(나는 그것을 쓰려고 합니다). 이런 점에서 우리는 아직도 밀(J. S. Mill)로부터 배워야 할 운명에 있다고 생각합니다"(1917년 11월 28일,

---

하였다.

129 라스키는 1916년 9월 19일의 편지에서 이렇게 말한다 : "I want to stick to pluralistic or some such terms. I am tremendously impressed by the way in which this age seems determined to seek for social unity at all costs and equally obstinate in refusing to recognize a lack of all-togetherness in things ; … what swoops down on me is the barriers between things, not their unity. I don't mind how it's described-but I badly want to emphasize its significance for political theory" (*Holmes-Laski Letters*, vol. I, *op. cit.*, p. 22).

같은 책, p. 113)[130] ; "언젠가 나는 당신에게 내년에 내가 착수하기를 바라는 국가에 대한 대저의 계획을 보여드리고 싶습니다. 나는 국가가 실질적으로 그 생명력을 다 소진한 방식을 논함으로써 국가의 본질과 그 결함의 원천을 이해시킬 수 있음을 밝힐 것입니다" (1918년 1월 1일, 같은 책, p. 124) ; "나는 새 책을 계획하고 있습니다. 나는 그 책의 이름을 [『동의의 문법』(*Grammar of Assent*)을 쓴 존 헨리(John Henry)] 뉴만(Newman)의 스타일을 좇아서 『정치학 문법의 보완을 위한 일 시론』(*An Essay in Aid of a Grammar of Politics*)이라고 부를 것입니다. 이 책은 정치에 대한 철학의 영향을 논하는 것으로 시작할 것이며, 그린(T. H. Green)과 보상켓(Bosanquet)의 이상주의적 규범을 배격할 것입니다. 이

130 이보다 한 달 전인 11월 3일에도 라스키는 이렇게 쓰고 있다 : "I have just written in the N. R. [New Republic] that we want somebody to do for this generation what John Stuart Mill did for the last-take the fundamental conceptions and re-examine them in the light of what has happened since his day. It would be a better job than to drift along with specialized monographs on minute topics of an uninteresting subject" (*Holmes-Laski Letters*,. vol. I, p. 107). 그러나 주의할 것은 라스키의 밀(J. S. Mill)에 대한 평가가 반드시 긍정적이지만은 않다는 점이다. 다음의 예에서 보듯이 라스키는 밀에 대해 상당히 유보적인 입장을 보여준다 : "J. S. Mill whom to love is easy but whom to love greatly is impossible" (*Ibid*., p. 135) ; "he [J. S. Mill] never really warms one amidst all the admiration he inspires" (*Ibid*., p. 156) ; "with all his [J. S. Mill's] defects he tops the list of modern men who fixed their hearts on the life intellectual and pursued it at whatever the cost. One of the things I heartily dislike is the increasing tendency of people of Mill's type to give up to active politics what was clearly meant for the pen, of whom [John] Moreley is a good example. I think one can do far better and far more solid work in the study than in any other fashion if one is prepared to accept long-term value" (*Ibid*., p. 192).

어서 이 책은 국가의 목적을 (a) 역사적으로, (b) 이론적으로 논할 것이며, 아리스토텔레스의 방식에 따라 이론적인 (b)는 역사적인 (a)에서 도출되어야 함을 보여줄 것입니다. 이것은 국가를 중추적 단위로 설정한 드 메스트르(de Maistre), 오스틴(Austin), 버크(Burke) 등의 입장을 옹호하기에 이를 것입니다. 이어서 국가와 개인—개별적으로 또는 집단적으로 존재하는 개인—의 관계를 다루는 장에서 일반적 문제 해결을 위한 기준을 제시하도록 노력할 것입니다. 다음에 윤리적 · 심리적, 그리고 경제적 관점에서 국가의 한계가 검토됩니다. 이것은 국가와 정부의 관계를 밝히는 작업으로 이어집니다. 법치의 수립은 주권에 관한 논의를 포함합니다. 이러한 논의는 다시 연방주의와 권력분립론으로 이어집니다. 여기서 논의는 국가와 공직(the official)의 문제로, 그리고 의회민주주의 이론의 문제로 별다른 어려움 없이 이행되며, 나는 의회민주주의의 위기를 환기시킴으로써 결론을 맺으려 합니다. 한 권의 책이 만들어지려는 문턱에 있다는 느낌으로 나는 벅찬 흥분을 감출 수 없습니다. 특히 이 책의 자료들은 역사적일 뿐만 아니라 우리의 주변 가까이에 널려 있다는 의미에서 그렇습니다"(1918년 5월 23일, 같은 책, pp. 156-157).[131] 드디어 1920년 2월 18일, 라스키는 자신의 책의 집필이 이미 시작되었음을 알리는 편지를 보냈다 :

131 라스키는 이보다 앞선 1919년 4월 20일자 편지에서도 이렇게 말한다 : "So I have begun to read again and to meditate upon my maximum opus which I hope to start in the summer" (*Ibid.*, p. 195).

… 나는 새 책의 집필을 시작했으며, 이 책에 대해 서정적 감흥을 느낍니다(feel lyrical). 사실 내가 1주일 동안 쓴 것은 고작 5페이지에 불과합니다. 그러나 첫 페이지의 진통은 지났으며, 전망이 열려지기 시작합니다. 나는 책의 이름을 『정치학 강요』(*A Grammar of Politics*)로 결정했으며, 이 책의 계획은 (현재로서는) 대략 다음과 같습니다 : 이 책은 근대국가의 역사적 토대를 다루는 장으로부터 시작할 것입니다. 이 장에서 나는 근대국가가 어떻게 성립되었고 그것이 태어난 시대적 특성의 결과가 무엇인지를 보여줄 것입니다. 이어서 나는 한 사회의 조직체계(a system of social organization)가 그 적실성을 갖기 위해서는 어떤 심리적 충동들(psychological imp-ulses)을 충족시켜야 하는지를 계속해서 보여줄 것입니다. 이것은 의회민주주의 이론에 관한 토론으로 이어질 것이고, 여기서 나는 입법체계들(legislative systems)에 대해 가혹하게 비판할 것입니다(nasty remarks). 이어서 법의 본질은 행정이라는 점(the essence of law is administration)을 제4장에서 다룰 것입니다. 그러나 근대국가는 일차적으로 산업국가이기 때문에 정치와 경제의 상호작용이 고찰되어야 합니다. 따라서 자본주의, 상디칼리즘, 사회주의, 길드 사회주의에 관한 장들이 이어지지만 이들은 모두가 거부될 영광을 갖습니다. 곧이어 하나의 사회체계(a social system)가 지속하기 위해서는 권리를 확보해야 한다는 구성적 장으로 옮겨갈 것이며, 마지막 장에서는 자유의 의미를 다룰 것입니다. 의자에 몸을 맡기고 글을 쓸 때 내 마음에서 생각의 거미줄들이 뽑아져 나오는 것을 보면 아주 경이롭습니다. 나는 정말로 환희의 소리를 지르고 싶습니다. 나는 내가 무엇을 말하기를 원하는지 알고 있으며, 그것을 말하는 것은 커다란 즐거움입니다(grand fun)—그리고 (우리끼리 이야기이지만) 부수적으로 자연권 이론과 주권이론이 오늘날의 사태의 전체적 진행과 관련하여 담당하고 있는 역할을 설명할 참신한 가설을 갖고 있다고 나는 믿습니다. 제발 저와 함께 크게 소리를 질러주세요. 저는 그런 충동을 참을 수 없습니다(please shout loudly with me, for that's what I feel like doing, 같은 책, p. 244).

다음에서 필자는 라스키의 『정치학 강요』의 내용을 검토할 것이다. 『정치학 강요』는 "근대 자유주의 국가이론의 위기"를 다룬 "서장"(Introductory Chapter : pp. i-xxvii)과 대안적 "사회이론"을 논한 "제1부"(Part One : pp. 15-291), 그리고 이를 뒷받침할 "국가제도"를 검토한 "제2부"(Part Two : pp. 295-666)로 구성되어 있다. 본장에서는 "서장"과 "제1부"를 중심으로 1) 근대 자유주의 국가이론의 위기, 2) 대안적 국가이론의 구성, 3) 협의체로서의 정부(government as consultation)에 대해 살펴볼 것이며, 이들에 대한 라스키의 논의를 충실하게 요약하는 방식을 취할 것이다.[132]

(1) 근대 자유주의 국가이론의 위기

국가이론은 그 시대의 맥락 속에서만 이해될 수 있다. 국가에 대한 인간의 사유는 항상 그들이 몸담고 있는 경험의 산물이다. 성 바소로뮤(Saint Bartholomew)의 학살사건은 폭군방벌론(Vindiciae)의 저자로 하여금 민권론(Whiggism)을 주장케 하였고, 청교도 혁명은 홉스(Hobbes)로 하여금 사회평화의 공식을 찾도록 촉구하였으며, 1688년의 "명

132 필자는 『정치학 요강』의 검토에 있어 Harold J. Laski, *A Grammar of Politics*(George Allen & Unwin, 1967)와 라스키 저/민병태 역, 『정치학 강요 : 이론 편』(문조사, 1949)을 텍스트로 사용할 것이다.

예혁명"은 로크(Locke)로 하여금 왕권이란 신민의 동의에 입각한 것임을 확신케 하였다. 루소(Rousseau)와 헤겔(Hegel) 그리고 그린(T. H. Green)은 모두가 각 시대의 정신적 분위기에 보편적 타당성을 부여하려고 노력했다. 우리가 사는 시대가 위험하면 할수록 더욱 더 보편성의 강조는 깊어진다.

이런 점에서 우리 시대 역시 전 시대와 결코 다름이 없다. 우리 시대는 15세기 말과 18세기가 그랬듯이 새로운 사회질서를 출산하기 위한 치열한 투쟁의 위험한 과도기적 시대이다. 우리의 가치체계는 용광로 속에서 해체되고 있고, 새로운 가치체계는 아직도 재형성되지 못한 상태에 있다. 이러한 시기에 인간은 정치학의 근본으로 되돌아가는 것이 상례이며, 국가의 본질과 기능에 대해 새로운 설명을 시도한다. 당면한 문제는 국가의 형태(the state's form)에 관한 작은 문제가 아니다. 그것은 국가 자체의 본질(the nature of the state itself)에 관한 것이나. 이것은 정치학의 보는 것에 관련되는 문제이다. 국가간섭의 한계, 민주주의 가설의 타당성, 정부조직에 있어서 행정부의 지위, 행정과 입법과정에 있어서의 전문가와 아마추어의 관계, 법의 일반적 성격과 국제법의 특수한 성격, 정치학에 있어서 이성의 역할(the claims of reason), 리더십의 기능 등등 몇 가지 예만 들더라도 이들은 모두가 재검토와 재정의를 요구한다.

자유주의 국가이념이 성숙하는 데는 약 300년이 걸렸고, 이 이념의 우월성이 지속된 것은 100년도 아직 안 된다. 그리고 우리 시대에 이르러 자유주의적 교의(liberal doctrine)는 심각한 도전에 직면하게 되었다. 그 도전의 표적은 자유주의 국가이론이며, 이 이론의 기본 전제는 다음과 같다 : 어떤 정치사회든지 무정부 상태를 모면하려면 모든 인간에게 명령은 하되 누구로부터도 명령을 받지 않는 하나의 불가분적 · 비책임적(an indivisible and irresponsible)인 최고의 권위(a supreme authority)가 필요하다. 이 권위가 주권(sovereign power)이며, 이것은 주권의 행사를 위임한 자에 대하여 국가의 이름으로 정부가 행사한다. 국가가 복종을 요구할 자격(the title of the state to obedience)을 갖는 것은 (1) 질서유지, (2) 평화적 교체방법(a technique for peaceful change)의 제시, (3) 최대한의 욕구충족 능력의 3가지 때문이다.

그러나 이러한 자유주의 국가이론은 지난 20년간 근본적 도전에 직면해 왔다. 주된 공격의 초점은 질서유지를 위한 국가권력의 존재가 아니다. 국가권력이 유지하는 질서가 평화적 교체방법을 제시하지 못하며(2), 최대한의 욕구충족을 허용하지 않는 데(3)로 모아졌다. 이들 도전자들의 주장에 따르면, 국가란 정치사회 내에 존재하는 최고의 강제력이며, 이것은 이 사회에서 생산수단(instruments of production)을 소유한 자들의 이해를 보호하고 증진하는 데 사용되는 이들의 의지표현의 기관이라는 것이다. 또 생산수단이 사유화된 사회 내의 모든 법률은 사적 소유권이 보장되도록 계급관계가 유지되어야 한다는 기본 가정을 암묵적으로 받아들이고 있기 때문에 좁은 의미의 형식적 평등 말고는 법 앞에서의 평등은 불가능하다.

물론 재판관들 중에는 홈즈 판사(Mr. Justice Holmes)와 같이 이러한 계급적 제약을 뛰어넘는 훌륭한 능력을 갖춘 자들도 있지만, 이것은 오늘날 재판관의 임명 승진의 방법으로는 좀처럼 찾아보기 어려운 극히 예외적인 경우라 할 수 있다. 요컨대 생산수단이 사유화된 사회에서는 어떤 국가도 본질상 (2)와 (3), 다시 말하면 평화적 교체방법을 제시할 수 없으며, 최대한의 욕구충족을 실현시킬 수 없다. 이론상으로는 보통선거제에 입각한 헌법제도의 틀 속에서 이러한 목적이 실현될 수 있는 장치가 마련되어 있다. 그러나 역사적으로 계급관계와 이를 지탱해 주는 법적 전제들(legal postulates)의 재정의를 위한 행동이 감행될 때는 항상 재산 소유자들, 그리고 이러한 소유로 말미암아 국가권력을 소유한 자들(the owners of property who, thereby, have been possessed of the state-power)의 저항에 부딪혔다. 만일 이러한 "재정의"(re-definition)의 실현을 원한다면 그것은 무력에 의한 국가권력의 장악, 즉 혁명(revolution)밖에 없다. 현대 역사에 비추어 볼 때, 어떤 국가도 혁명 없이는 계급적 기반을 변혁할 수 없었다. 이런 점에서 혁명이란 본질상 국가권력의 목적을 기왕의 방식대로 유지할 것인지 또는 변경할 것인지를 결정하는 근본적 투쟁이라 할 수 있다[This (i.e., revolution), in its nature, is essentially a battle for the maintenance or change of the objectives to which the state-power is devoted].

자유주의 국가이론에 대한 이상과 같은 도전은 마르크스와 엥겔스에 의해 처음으로 정식화되었고, 레닌의 『국가와 혁명』에서 재천명되었다. 그러나 아직도 자유주의 국가이론은 이러한 도전에 대해 설득력 있는 응답을 하지 못하고 있는 실정이다. 보상켓(Bosanquet)의 관념론적 국가이론은 현실국가를 해명한 것이 아니라 가능한(in posse) 개념국가를 공식화한 데 불과하였고, 홉하우스(L. T. Hobhouse)의 반관념주의적 자유주의 국가이론은 일정 시간 내에서 이성은 항상 사회적 갈등에서 승리할 것이라고 가정하였으나 증명하지는 못하였다. 심지어 라스키의 다원론적 국가이론조차도 이러한 도전을 잠재울 수 없었다.

제1차 세계대전을 전후하여 라스키가 중심이 된 일단의 다원론자들(a group of thinkers called the pluralists)의 주장을 좀더 살펴보면 다음과 같다 : 국가는 지역적으로 구분된 사회의 전체 이익(the total interest of the society within its territorial jurisdiction)을 대표한다는 근거에서 시민의 충성심과 이들에 대한 법적 전능(legal omnicompetence)을 요구하고 있으나, 이러한 요구는 선험적으로 정당화될 수 있는 것이 아니라 인간의 실재적 삶을 통해서 경험적으로 입증되어야 한다. 왜냐하면 모든 정치사회의 구성원들은 국가의 목적을 선언(proclamation)을 통해서가 아니라 실천에 옮겨진 목적을 각자의 경험에 입각하여 판단함으로써 알 수 있기 때문이다. 다시 말하면, 국가가 복종을 요구할 수 있는 것은 국가가 그것을 의지하기 때문이 아니라, 국가가 의지하기로 선택한 내용이 인간의 욕구를 충족시켜 준다는 경험적 사실에 근거해 있기 때문이다(the state's title to obedience lay, not in the fact of its willing, but in the substance of what it chose to will as this met the experience of men seeking to satisfy the demands born of their experience). 이런 점에서 다원적 국가이론은 귀납적 이론이다. 국가의 우월성이란 따지고 보면 과오를 범할 수 있는 인간들로 구성된 정부의 주권을 의미하며, 이것은 그 의도만으로는 결코 정당화될 수 없다.

역사적으로 볼 때 이와 같은 다원론은 교회와 국가, 노동조합과 국가, 양심적 병역 거부자와 같은 개인과 국가 간의 충돌에서 비롯되었다. 다원론은 이러한 역사적 경험에 비추어 다음과 같은 주장들이 타당하다고 믿는다 : (1) 인간의 복종은 다원적이지 일원적이 아니다 ; (2) 국가는 국가 이외의 결사에 비하여 복종의 자격에 있어서 큰 차이가 없다. 이런 점에서 국가는 아무리 장엄하고 강력할지라도 사회 내의 다수 결사 중의 하나에 불과하다 ; (3) 하나의 복합적 전체로서의 사회는 다원적이지만 주권이라 불리우는 통일적 국가권력은 사회를 일원화시킨다. 이것은 영국이나 미국과 같은 자본주의적 민주주의에서나 이태리와 독일과 같은 파시스트 국가에서나 모두 동일하다. 국가는 어디서나 개인을 국가의 강제적 구조 내에 전체적으로 흡수하고자 하며, 국가가 지배하는 사회의 모든 관행을 국가의 목적에 맞도록 조절한다. 여기서 라스키는 사회의 다원성을 위해 주권은 해체되어야 한다고 주장한다. 이어서 라스키는 이와 같은 주권의 해체가 계급관계의 표현으로서의 국가의 본질을 충분히 인식하지 못했으며, 따라서 국가의 우월성이란 바로 이와 같은 계급관계에 입각한 불가피한 요구라는 점을 간과했다는 다원론의 결정적 과오를 스스로 자인한다. 이것은 다음과 같은 언명을 통해 알 수 있다 : "만약 국가가 주권적 이기를 정지한다면 국가는 그 목적을 실현할 지위를 상실하게 된다. 따라서 국가의 우월성은 이러한 근거에서 불가피하게 요구된다."[133]

133 Laski, *A Grammar of Politics*, *op. cit.*, p. xii. 주권의 해체와 관련하여 독자들은 3가지 점에 유의할 필요가 있다. 첫째 라스키는 "주권의 해체"라는 용어 사용에 지극히 신중하다는 점이다. 그는 이 표현을 직접 언급하기보다는 간접적으로 시사하는 경우가 많다. 예를 들면 다음과 같다 : "the state is simply the executive instrument of the class in society which owns the means of production. When a class-society in this sense is destroyed, the need for the state, as a sovereign instrument of coercion, disappears ; in Marx's phrase, it 'withers away' " (*Ibid.*, p. xiii) ; "To deprive the state of sovereignty, in a word, is to deprive it of the power to enforce the logic that is inherent in its economic system. Great Britain in India and Egypt, France in Morocco and Indo-China, Japan in Korea and Manchuria, became impossible save in that context. For sovereignty means supreme coercive power ; and, without this, the state cannot enforce a will to which it is compelled by the class-relation it exists to

마침내 라스키는 마르크스 앞에 무릎은 꿇고 다음과 같이 항복을 선언한다 : "현재 나로서 (적어도 나에 관한 한) 국가와 법에 관한 다원론적 태도는 이들에 대한 마르크스의 태도를 수락하는 한 단계였음을 시인한다" [I now recognize (so far at least as I am concerned) that the pluralist attitude to the state and law was a stage on the road to an acceptance of the

maintain" (pp. xix-xx) ; "if they [i.e., the individual members of the league of Nations] were to surrender their sovereignty, they would cease to be able to maintain these class-relations for which they exercise supreme coercive power … There is no way of making international law more than what Austin called a species of positive morality by the abrogation of state-sovereignty ; and this involves a revolution in the economic structure of the modern world" (*Ibid*., p. xx) ; "We cannot deprive it [i.e., state] of its sovereignty so long as, outside of Soviet Russia, the present class-structure of society remains undisturbed" (*Ibid*., p. xxii) ; "Once the driving-power of an economic system depends upon the profit derived from the private ownership of the means of production within a state, the sovereignty of that state must organize the relations of production within the framework born of that purpose. To its consequence, all the habits of the society dominated by the state will be necessarily adjusted, as will in the international, as in the municipal sphere. To alter these habits, there must be an alteration, also, in the relations of production upon which they depend. So far, at least, that alteration has not been attempted, outside of Soviet Russia in the modern world" (*Ibid*., pp. xxii-xxiii) ; "It will be here argued that it would be of lasting benefit to political science if the whole concept of sovereignty were surrendered" (*Ibid*., pp. 44-45) ; "it is impossible to make the legal theory of sovereignty valid for political philosophy (*Ibid*., p. 55) ; "Externally, surely, the concept of an absolute and independent sovereign state which demands an unqualified allegiance to government from its members, and enforces that allegiance by the power at its command, is incompatible with the interests of humanity" (*Ibid*., p. 64) ; "It is enough, for the moment, to postulate the disappearance of state-sovereignty as the conditions without which the life of reason is impossible to states" (*Ibid*., p. 65) ; "an

Marxian attitude to them]. 그러나 라스키의 이와 같은 항복선언은 자유주의 국가이론의 위기를 그 절정에까지 몰아갔다.

order based upon compulsion can never perm-anently maintain itself … Order issued and relationships established must carry with them the assent of the interests they affect. They cannot, otherwise, grow into validity. That means the disappearance of the sovereign nation-state" (*Ibid.*, p. 227) ; "because society is federal, authority must be federal also … It means the abandonment of the sovereign state in the sense which equates the latter with society and gives it, thereby, the right to dictate to associations within society. Because it abandons the principle of sovereignty, it abandons the principle of hierarchy also" (*Ibid.*, p. 271) ; "Its [i.e., the nation-state's] power as a sovereign body represents a phase only of historic experience, and the pressure of world-forces has already made its sovereignty obsolete for any creative purpose" (*Ibid.*, p. 285) ; "We are urging that law is, in truth, not the will of the State, but that from which the will of the State derives whatever moral authority it may possess, … It denies at once the sovereignty of the State, and that more subtle doctrine by which the State is at once the master and the servant of law by willing to limit itself to certain tested rules of conduct" (*Ibid.*, p. 286).

둘째, 라스키는 한편으로 국가에 관한 마르크스의 정치경제학적 이론에 동의하면서도, 다른 한편으로는 그의 유물주의에 동조하기보다는 정신주의(idealism)적 경향을 강하게 나타낸다 : "The spiritual life of Europe belongs not to Caesar and Napoleon, but to Christ, ; the civilization of the East has been more influenced by Buddha than by Ghengis Khan or Akbar. It is that truth we have to learn, if we are to survive. We overcame hate by love, and evil by good, ; baseness begets only a progeny like to itself" (*Ibid.*, p. 239) ; "The true loyalty [man] owes is to the ideals he can build from his experience. The true battle in which he is a soldier is the battle to make those ideals ample and generous and compelling" (*Ibid.*, p. 240) ; "It [life] is the demand that we treasure things of the spirit ; that we suffuse pedestrian habit with creative purpose ; that we quarrel not over the petty difference of possession, but over the great issues of the mind. It will require all the imagination and thought at our disposal if we are to meet the challenge like free men. It is the most difficult and arduous of adventures. Yet, as Spinoza said, all things excellent are as difficult as they are

(2) 대안적 국가이론의 구성

이어서 라스키는 『정치학 강요』의 "제1부"에서 대안적 국가이론을 다음과 같이 제시한다. 새로운 세계에는 새로운 정치철학이 필요하다. 오늘날의 세계는 전 세기의 사상가들, 예컨대 벤담, 헤겔, 루소, 마르크스 등이 그려놓은 지평선과는 다른 방향으로 움직이고 있다. 특히 마르크스의 경우, 빈부가 대립하는 모래밭 같은 토대 위에 세워

rare. We can reach the summit in the end if we but seek the courage to go forward" (*Ibid.*, p. 291).

셋째, 라스키는 "국가"(state)와 "민족"(nation)을 구분하고, "국가"에 대해서는 위에서 밝힌 바와 같이 주권의 해체를 주장하지만 "민족"의 경우 내부 문제에 국한되는 한 주권을 수용한다는 점이다. 그는 1917년 4월 5일자 홈즈 판사에게 보낸 편지에서 다음과 같이 말한다 : "I distinguish between the nation and the state. The state seems to me just a great public service corporation and no more entitled (though its power enables it to receive) any more loyalty then a church or labor-union. Everything depends on the way in which it fulfills its function. I can't but believe that its share-holders have very different privileges and that since their interest in its activities has much different results those who do not share in the preferences have a right to seek ways and means of obtaining them ··· The nation apart-the true bonds of allegiance are economic and not political ; and representative government put its money on Congress (or Parliament) as the mirror of the nation. What we have to do is rather to make our political system mirror the sectional economic interests within itself and try to work out a harmony therein" (*Holmes-Laski Letters*, vol. I, *op. cit.*, pp. 75-76). 그 후 *A Grammar of Politics*(1925)에서는 이렇게 말한다 : "Patriotism is built in part from the gregarious instinct of man, and in part from the rational drive for self-government. The structure I have urged as essential outrages neither these aspects. It

진 국가의 취약성을 보여주는 데 온 힘을 쏟았지만, 결국 그가 제시한 재구성은 충돌이 불가피하다는 하나의 예언이었으며, 그가 내다본 미래의 비전은 치유책이기보다는 검증되지 않은 공식에 불과했다(less a remedy than an unexplored formula).

서유럽에서는 적어도 민주정부가 이론의 여지가 없는 일반적인 것이 되었다. 정치권력은 이론상 신분이나 재산이 아닌 인간의 인격에 입각해 있다. 이것은 신분이 문제가 되지 않으며 재산이 이미 국가에서 영향력을 잃었다는 것을 뜻하지 않는다. 이것은 다만 보통 인간(the ordinary man)에게도 시민적 자질이 넘쳐 흐른다(instinct with civic quality)는 전제에 대해 아무도 시비하지 않음을 뜻할 뿐이다. 그리고 이것은 의심할 바 없는 하나의 진전이다. 그러나 분명한 것은 벤담류의 낙관론은 버려야 한다는 것이다. 그들은 인간에게 선거권만 쥐여준다면 자연적 이성과 결합하여 자유와 평등이 보장되는 국가를 건설할 것이라고 믿었다. 그러나 지금 우리에게는 그런 확신이 없다. 우리는 오랜 경험을 통하여 정치에 있어서 이성의 역할이 우리가 생각했던 것보다는 작다는 것을 알았다.

뿐만 아니라 우리는 지식이 그 오류에도 불구하고 진보할 것이

---

does not propose that an Englishmen shall cease to love or cherish his fellow-Englishmen, to live with them, to work with, even, it may be, to die for them. It does not even ask him to surrender his belief in his effortless superiority as an Englishman over other nations. It agrees that he should manage his own affairs. But the right to manage his own affairs does not mean the right to manage other people's affairs ⋯ what touches all should be decided by all ⋯ " (pp. 232-233).

라는 1세기 전의 낙관적 신념을 가질 수 없다. 우리의 문명은 선의가 아닌 공포로 유지되고 있다. 국가 간의 경쟁, 계급투쟁, 인종충돌, 재앙의 징조들이 사방에 충일하며, 개인의 목적을 위해 동료의 안녕을 희생시키는 일이 비일비재하다. 이러한 현상을 엄밀히 분석해 보면 근대 문명은 근본적으로 타락한 것임을 알 수 있다. 과학은 우리에게 창조적 삶의 무기를 제공했는지 모르지만, 우리가 알다시피 이들은 또한 파괴의 도구이기도 하다. 우리 사회가 일관되게 이들을 갈등의 종식을 위해 사용할 가능성은 좀처럼 보이지 않는다.[134]

134 1920년대의 라스키의 이와 같은 위기의식은 독일에서 히틀러의 등장과 더불어 더욱 고조되고 있음을 알 수 있다. 이것은 그가 1934년 3월과 12월에 홈즈 판사에게 보낸 편지에서 각각 확인할 수 있다 : "It is a grim time to live in with values all confused and doubtful, and most people afraid to speak forthrightly about anything. I fear we are in for an iron age in which the chances of decency will be small ; and it is not going to be easy for those of us who think that the chains of reason against passion are paramount. But I suppose no civilization can confront its most basic problems without uncovering the naked savage in man. Decency seems to be a very thin and fragile covering at best" (March 1, 1934, *Holmes-Laski Letters*, *op. cit*., p. 1468) ; "It is a bad Europe just now. I don't agree with the alarmises who see war just round the corner. But the seeds of war are there, and they are sprouting. And I don't think it can seriously be denied that Fascism grow. One sees it gaining ground month by month in France, and Hitler's grip on Germany is at present unbreakable. Our government is a bad show, with no real foreign policy, no power to cooperate with America (the one thing that should be the pivot of any sane British policy) and with no mind to embark on any creative domestic adventures. I think myself that we shall have a general election next July, and I hope then that there will be a better House of Commons. But as things are the case for representative government goes by default. People learn from inaction to doubt Parliament's power to tackle things decisively, and you find, too

이러한 분석은 현대 정치학의 연구가 평화의 동학에 대한 탐구(an inquiry into the dynamics of peace)가 되지 않을 수 없음을 보여준다. 그것은 무엇이 인간으로 하여금 평화의 보전과 확장에 헌신토록 강제할 수 있는지를 찾는 데 목적을 두어야 한다. 이런 점에서 『정치학 요강』(*A Grammar of Politics*)은 평화의 문법에 대한 탐구라고도 말할 수 있을 것이다. 또 이러한 탐구에서는 국가의 본질에 대한 검토가 선행되어야 하므로 먼저 국가에 대해 살펴보기로 한다.

---

widely and too unnecessarily, a temper of apathy that bodes ill for a political democracy. We need leadership and we are not getting it. That, I think, is always a bad state of affairs. I feel as I travel around that I understand the epoch which led to the French Revolution. We need a remaking of foundations, and that is an adventure which the guardians of the old order are not prepared to attempt" (Dec. 16, 1934, *Holmes-Laski Letters*, *op. cit.*, pp. 1469-1470).

Husserl의 Crisis의 제1부(Part I)는 바로 이와 같은 분위기를 집대성한 부분이라고 생각된다. 그는 제1부의 제목을 이렇게 붙이고 있다 : "The Crisis of the Sciences as Expression of the Radical Life-Crisis of European Humanity." 그리고 첫 번째 장에서 다음과 같은 물음을 제기한다 : "Is there, in view of their constant successes, really a crisis of the sciences?" 그리고 두 번째 장에서 다음과 같이 답변한다 : "Merely fact-minded sciences make merely fact-minded people. The change in public evaluation was unavoidable, especially after the war, and we know that it has gradually become a feeling of hostility among the younger generation. In our vital need-so we are told-this science has nothing to say to us … As for the humanistic sciences, on the other hand, … we are told, that the scholar carefully exclude all valuative position, all questions of the reason or unreason of their human subject matter and its cultural configurations … Can we concede ourselves with that? Can we live in this world, where historical occurrence is nothing but an unending concatenation of illusory progress and bitter disappointment?" (E. Husserl, The Crisis of the European Sciences and Transcendental Phenomenology, *op. cit.*, p. 1-7).

첫째, **국가** – ① 현대 국가는 정부와 인민(subjects)으로 구분된 하나의 지역사회로서, 그 지역 내에 있는 다른 모든 제도보다 우월하며, 사회적 의지가 최종적 · 법적으로 결집되는 곳이다. 국가는 다른 모든 조직의 관점을 결정하며, 필요한 경우 인간 활동을 통제하며, 필요치 않을 경우 이를 허용한다. 국가는 무수한 인간의 삶의 형태와 내용을 틀지우는 사회적 구조물의 종석(the keystone of the social arch)과 같은 존재이다. ② 다른 한편 국가 역시 새로운 재산의 형태, 종교적 신앙의 변화, 인간이 통제할 수 없는 자연적 조건 등에 의하여 형성되며, 지금까지 군주정, 귀족정, 민주정 등 다양한 형태로 변화 · 발전해 왔다.

③ 국가 발전의 역사에서 부인할 수 없는 한 가지 분명한 사실은 엄청난 수의 사람들이 비교적 소수의 사람들에게 복종한다는 것이다. 이러한 복종의 근거는 인간 본성의 복잡성에 근거한 것으로서, 복종이론은 각 시대에 따라 그 강조점을 달리해 왔다. 여기서 인간이란 하나의 전체적 인격으로 행동하는 다양한 충동들의 묶음이라는 점과 인간의 제도란 이들 충동에 대한 반응이라는 점을 지적해둔다. ④ 의식주와 성욕은 모든 인간의 최소한의 욕망이다. ⑤ 인간은 충동적일 뿐만 아니라 이성적 존재로서 반성적 능력을 갖고 있다.

⑥ 고통을 피하고 행복을 추구하는 인간의 모든 선은 사회적이며, 사회적 선이 아닌 것은 선이 될 수 없다. 왜냐하면 첫째 개인적 선은 장기적으로 타인의 선으로부터 분리될 수 없기 때문이며, 둘째 이성의 가치는 여러 충동들 간의 조화를 현재의 시점에서 뿐만 아니라 미래에서도 가능하게 해주는 정도에 달려 있기 때문이다. 이런 이유에서 사회적 선은 위대한 협동체(the great fellowship)가 꽃피우도록 인간의 인격에 작용한다. ⑦ 국가는 인간 대중으로 하여금 사회적 선을

최대한으로 실현케 함으로써 공동생활의 풍부화를 목적으로 하는 협동체이다.[135] 이에 대한 판단은 이론이 아니라 실천에 있다. 말하자면 국가의 행동에는 선험적 정당성(a priori rightness)이 존재하지 않는다. 권위의 요구는 다양한 관계 속에서 결과에 대한 검증을 통해서 증명된 만큼 가치를 가질 뿐이다. 이런 점에서 국가는 교회나 노동조합 또는 기타의 결사와 다르지 않다.

⑧ 다른 한편 국가와 사회는 다르다. 국가는 사회질서의 기조를 정할 수는 있지만 그것과 동일하지 않다. 반면 국가의 의지란 정부의 의지에 다름아니다. 정부 구성원들은 그들의 의지를 결집하여 결정하며, 이것이 국가의지로서 그날그날의 행정으로 전개된다.

⑨ 국가의지는 그 의지의 명령이 시민에 의해 수락될 때 비로소 정부의지를 의미하게 된다. 유념해야 할 것은 여러 의지들은 하나의 공통된 목적으로 수렴될 수는 있지만 단일한 의지로 통일될 수는 없다. 모든 의지는 분리된 독립적 주체로서 서로에 대해 압력을 가하는 "하나의 경이로운 혼란상"(an amazing welter of wills)을 나타낼 뿐이다. 물론 정치학에서 의지들의 통일(unity of wills)이라는 말을 자주 사용

---

135 Laski의 표현을 인용하면 다음과 같다 : "It [i. e., the State] becomes an organization for enabling the mass of men to realize social good on the possible scale" (*Ibid.*, p. 25) ; "The State is thus a fellowship of men aiming at the enriching of the common life" (*Ibid.*, p. 37) ; "the claim of authority is worth just as much as it proves itself to be worth as men in their various relationships make trial of the result of its claim" (*Ibid.*, pp. 263-264).

한다. 그러나 이것은 비유적 표현일 뿐이다. 예컨대 '영국의 통일' (the unity of England)이라는 표현은 다수 의지가 동일한 방향을 지향하는 (orientates) 역사적 전통을 뜻할 뿐이며, 그들 간의 상호 융합으로 형성된 어떤 신비한 초의지(some mystic super-will)나 "하나의 공동의지"(a common will)를 뜻하지 않는다. 이런 이유에서 루소의 일반의지는 불가능한 것으로 배격한다.[136] 같은 이유에서 국가의지 역시 결코 단일할 수 없다(never single)고 본다. 그것은 여러 사회세력들을 지배하기 위하여 경쟁하는 수많은 의지들 간의 투쟁을 통해서 수용된 여러 의지들 중의 하나일 뿐이다. 이런 점에서 동의(consent) 역시 의지의 융합(the fusion of wills)이 아니라 경쟁적 의견을 이겨낸 것(the overcoming of wills)을 말한다.[137]

둘째, **국가와 개인** – ① 국가는 국민생활의 형태와 내용을 틀지어 주기 때문에 국민은 국가행동의 질(quality)을 판단할 권리가 있다. 보다 정확하게 말해서 국민에게는 국가행위를 판단해야 할 의무가 있다. 비록 국가는 구성원에 대해 강제력을 행사하는 우월적 지위를 갖지만 도덕적 성격에 있어서는 다른 결사와 아무런 차이가 없다. 국가는 개인이 그의 친구에게 충성을 요구하는 것과 동일한 조건에서 구성원의 충성을 요구한다. 국가는 구성원에게 제공한 것의 좋음의 정도에 따라 판단되며, 구성원의 복리를 실현한다는 구체적 증거 없이

136 H. J. Laski, *A Grammar of Politics*, p. 68.
137 *Ibid.*, p. 242.

는 그들의 충성을 요구할 수 없다. 국가는 오히려 그 우월성 때문에 다른 결사에 비해 더 과격한 비판의 대상이 되며, 국가권력의 행사에 대해서는 각별한 경계를 하게 된다. 만약 국가권력이 국가 본래의 목적을 위해서가 아닌 이것과 양립할 수 없는 목적을 위해 행사된다면, 시민에게는 저항의 의무가 부과된다. 나의 시민권이란 하나의 도덕적 모험이며, 그렇지 않다면 그것은 아무 것도 아니다. 나는 시민인 까닭에 국가에 대한 권리를 갖는다. 권리가 없는 나는 시민이 아닌 노예에 불과하며, 나에게 권리를 보장하지 않는 국가는 나와 상관이 없는 국가인 것이다. 1789년 프랑스의 앙시앙 레짐과 1917년의 제정 러시아는 바로 이와 같이 시민과 상관이 없는 국가였다. 국가는 권리를 유지하여 주기 때문에 시민이 인정하게 되며, 국가는 권리의 내용을 증대시켜 주는 노력에 따라 영구적으로 시민의 충성을 확보할 수 있다. 인간이 권력의 남용으로부터 생겨나는 물적 · 정신적 노예상태로부터 지혜롭게 해방을 추구하는 것이야말로 가장 참되게 시민권을 행사하는 것이다.

② 권력은 항상 악용될 여지가 있으며 이를 행사하는 가장 고결한 사람까지도 부패시키는 습성이 있기 때문에 그 본질상 지속적 감시를 전제로 위탁된 것으로 본다. 따라서 국가의 주권에 대한 요구는 기능적 · 직능적 관점에서 결정된 문제이며, 선험적 정당성에 의해 판단될 수 없다. 정부직에 있는 자들도 그들의 좋은 의도의 확인만으로는 충분지 않으며, 비천한 평민들의 향상에 의해 판단되어야 한다.

③ 주권을 발견하려는 어떤 노력도 불가능한 모험이다. 왜냐하면 주권이 전제하는 무제한적 권력이란 어디에도 존재하지 않기 때문이다. 역사적으로 볼 때 주권은 책임을 질 때에만 비로소 안전하였다.

그러나 주권의 정의에 따르면 그것은 무제한적이고 무책임적이다. 이것은 역사적 경험과 배치된다. 미국 헌법은 전통적 의미의 주권이 부재한 예에 속한다. 국가의 의지란 결국 정부의 의지이며, 이것은 무책임할 수 없다. 정부는 각종 요구(demands)의 형태로 표현되는 시민의 권리를 실현하는 한 정당하다. 이러한 시민의 권리 중에는 최후의 수단으로 정부의 의지에 저항할 수 있는 불복종의 권리도 포함된다.

④ 우리가 주장하는 권리는 받는 권리가 아니라 하는 권리이며, 따라서 기능적 · 직능적이다. 이런 관점에서 국가를 "공공봉사의 협동체"(a public service corporation)로, 시민을 그 "수요자"(the users of service)로서 본다. 이러한 주장은 물론 인간이 정치적 동물이라는 전제에서 출발한다. 그러나 이 전제의 진정한 의미는 인간생활의 대부분이 공적 맥락에서 영위된다는 뜻이 아니며, 그보다는 보통 사람들도 국사에 관심을 가질 수 있도록 훈련할 수 있음을 뜻한다. 사실상 대부분의 사람에게 국가는 부재한다. 그들은 사적 이해의 좁은 공간에 갇혀 산다. 그들은 사회의 큰 흐름을 파악하려고 하지 않을 뿐만 아니라, 자신들의 개별적 지위에 관련된 사항에 대해서조차 무관심하다. 그들은 정치적 갈등을 그들과는 무관한 드라마 같은 것으로 본다. 그들은 다만 그들의 사적 일들이 국가의 간섭을 면할 것만 바랄 뿐이다. 이와 같은 상황에서 보통 사람들로 하여금 국사에 관심을 가지도록 만드는 "훈련으로서의 시민권"(citizenship as a discipline)의 개념이 요구된다. 민주주의의 가장 큰 결함은 민주주의에 대한 무지에 있으며, 우리가 인간을 시민으로 만들 수 있는 길은 훈련뿐이다. 각 개인은 정치에 무관심할 수는 있지만 정치와 무관할 수는 없다.

셋째, **권리실현의 국가** – ① 권리란 인간이 자신의 최선의 상태에 있을 수 있게 해주는 조건으로서 국가에 앞서서 존재한다. 이것은 국가가 창조하는 것이 아니라 인정해 주는 것이다. 여기서 시민의 권리는 "국가가 인정한 시민의 요구"(claims recognized by the state)라는 말로 정의된다.

② 우리는 우리의 인격을 보호하고 표현할 권리를 갖는다. 우리는 엄청난 사회적 힘(social force)의 압력 속에서 우리의 독자성을 보전할 권리를 갖는다. 개인의 인격은 모든 권리의 토대이다. 어떠한 권리체계도 그 출발점은 개인의 궁극적 독자성(the ultimate uniqueness and isolation of the individual)에 있다. 그러나 우리의 권리는 사회와 독립된 것이 아니라 사회에 속한 것이다(not independent of society, but inherent in it). 나는 사회목적에 공헌하는 고로 권리를 갖는다. 나는 비-사회적으로 행동할 권리를 갖지 않는다. 나는 내가 받는 것에 대하여 갚을 의도 없이 받기를 요구할 수 없다. 나의 권리는 사회의 복지에 기여하는 나의 기능(직능)에 입각해 있다. 요컨내 나는 공공복리에 대항하여 나의 권리를 가질 수는 없다. 왜냐하면 이것은 결국 나 자신의 복리에 역행하기 때문이다. 그러나 이것은 내가 국가에 대항하는 권리를 가질 수 없음을 뜻하지 않는다. 사회적 공공선의 입장에서 정당화될 수 있다면 나는 국가에 대한 저항권을 가지며, 그린(T. H. Green)에 따르면 이것은 "시민의 부대적 의무"(a contingent duty on the part of the citizen)이기도 하다. 그리고 자유는 이러한 저항 속에—보다 정확하게 말하면 조직화되고 의식적인 저항의 능력 속에—존재한다.

③ 안정된 문명을 위해서는 인간이 인간답게 존재할 수 있는 최소한의 기본권이 보장되어야 한다. 이것은 결코 소수 지배층의 수중에 맡겨두거나 화려한 선언문으로 해결될 수 없으며, 로크나 몽테스

키외의 권력분립이나 심지어는 미국 등과 같은 국가의 "성문헌법"으로도 달성되지 않는다. 역사적 사례들은 권리에 대한 최선의 참된 보호자는 법조문의 문자보다도 시민의 자존심이라고 말한다.

④ 권리의 실현은 국가에 대한 인식의 전환을 요구한다. 그것은 국가를 계층적 지배의 정점으로 파악하는 것이 아니라, 인간의 최선아(最先我) 실현에 불가결한 "최소한의 시민적 권리"(the civic minimum of rights)의 옹호자로, 그리고 이의 실현을 위해 사회 내의 여러 공동체를 조절하는 공동체의 공동체(communities)로 보는 것이다. 여기서 시민의 권리는 국가로부터 생겨나는 것이 아니라 국가의 출현과 동시적으로 생겨나며, 법률의 산물이 아니라 법률이 실현하려는 선행조건으로 인식된다. 산업체제는 이윤(profit)이 아닌 사용(use)을 목적으로 재조직되며, 자본가는 사유재산을 소유하되 경영의 전제(despotism)를 방지하기 위하여 생산조직의 결정과정을 시민들에게 개방하여야 한다. 소득(earning)과 소유(owning)를 구분하고, 소득에 토대를 둔 소유만을 허용한다. 남보기에 부끄럽지 않은(decent) 삶을 영위할 수 있는 범위를 넘어선 사유재산은 허용되지 않는다. 그렇지 않는다면 인간은 자신의 이익이 아니라 재산의 이익에 의해 좌우될 것이며, 자신의 최선아(the best self)를 위해서가 아니라 재산의 안전을 극대화할 영향력을 얻기 위해 행동할 것이다. 언론의 자유는 평시에나 전시에나 동일하게 보장되며, 자유비방의 권리는 포함되지 않는다. 사법부는 완전히 독립적이며, 행정부와의 결탁은 허용되지 않는다. 무엇보다도 정부의 권위는 첫째 집중화되지 않고 분산되며, 둘째 협의할 각 단체들을 그 주위에 배치하며, 셋째 타결사의 내부생활에 간섭하지 못하도록 정부 권위를 제한한다. 결론적으로 사회는 연방적이며, 따라서 국가는 연

방적으로 조직되어야 한다. 이것은 주권의 원칙, 다시 말하면 계층적 지배의 원칙(the principle of hierarchy)을 포기함이며, 소유(ownership)에서 협의(partnership)—"우리 안에 있고, 우리의 안으로부터 나오는"(in and of us) 협의—로의 전환을 뜻한다.

(3) 협의체로서의 정부

위에서 정부의 권위는 먼저 "집중화되지 않고 분산되어야 한다"고 말했다. 왜냐하면 권위의 집중화는 이상적 권리체제에 적대적이기 때문이다. 반면 권력이 광범위하게 분산되면 권력행사자에 대한 효과적 견제가 가능하고, 권위의 중심이 다원화됨으로써 토론도 다양화되며, 건전하고 독립적 의견의 확산도 촉진되기 때문이다. 따라서 권력행사 기관들은 정치체(the body politic) 내의 단일 지점에 집중되어서는 안 되며, 지방의 문제는 지방의 통제 하에 두고 본질상 일반적이고 중앙정부의 특별한 위임에 의해 제한받지 않는 권한은 지방정부가 행사해야 한다. 물론 지방의 권한 행사가 중앙의 권한을 침해해서도 안 된다. 분권화의 장점은 상이한 사항에 동일한 해결책의 적용을 방지하고 행정행위의 중심을 다원화시킴으로써 업무수행의 책임성을 높일 수 있다는 데 있다. 책임감은 권력행사의 일정 부분에 동참함으로써만 생겨난다.

또 위에서 중앙정부 주위에 협의단체들을 배치해야 할 필요성에 대해 말했다. 이것은 단순히 행정부가 입법부와 협의하는 것만을 의미하지 않는다. 이것은 제안될 정책에 의해 영향을 받게 될 모든 이해

당사자들을 조직적으로, 그리고 사전에 협의함을 뜻한다. 예컨대 교원 봉급개정안을 제안하려고 할 경우, 정부는 먼저 교원대표 단체로 하여금 이 제안을 검토하도록 해야 한다. 이때 협의가 편향되지 않도록 주의해야 한다. 행정부는 임의로 특정한 대표집단을 지명함으로써 언제든지 편향된 의견을 확보할 수 있다. 협의는 관련단체가 임명하는 대표들의 의사표시를 의미한다. 그리고 협의는 일정 단계에서 일반 시민에게 공개되어야 하며, 이들에게 판단할 기회를 제공해야 한다. 정부가 이성적 판단에서 나오는 시민들의 의견을 존중한다면 정부가 수집한 증거와 처리할 사실들이 시민에게 공개되는 것을 거부할 이유가 없다.

다양한 기능(직능)단체들과의 협의와 관련하여 콜(G. D. H. Cole)은 각 기능(직능)별로 선출된 대표들이 간접선거로 구성한 이른바 "사회 내 주요 기능(직능) 대표자 회의"(Congress of the supreme Bodies representing each of the main functions in Society)를 최종적 조정 권위체(the ultimate co-ordinating authority)로 인정하자는 안을 제시한 바 있다. 콜의 견해가 전혀 매력이 없는 것은 아니지만, 문제는 구성 직능단체의 참여비율 결정방법이다. 광업과 의료업은 모두가 중요한 기능(직능)이다. 어떻게 이 "대표자 회의"에 참여할 각 단체의 적정 의원수를 결정할 것인가? 어떻게 같은 이웃에 사는 사람의 이해와 각종 직업으로 생계를 유지하는 사람의 이해를 비교할 수 있는가? 이것은 사실상 불가능하다. 다른 한편 인간은 한 사람의 소비자로서 타인과 대체로 동일한 욕구를 가지고 있다. 이런 점에서 이들 간의 조정이 전혀 불가능한 것도 아니다. 그러나 보다 중요한 문제는 기능(직능)단체에게 권력을 부여하는 것보다 어떻게 국가로 하여금 이들 단체들과 협의하도록 강제하느냐에 있다. 만일 각 개인을 교육받은 자의 양심(instructed conscience)에 따라 행동할 능력이 있다고 가정한다면 기능이념에 입각한 조정의 원칙을 다음과 같이 제시할 수 있다.

기능이란 함께 행동하는 남녀 단체가 추구하는 목적이다. 이러한 기능들은 구성원들의 무지와 목적 상호 간의 양립불가능성 등으로 상호 갈등적임을 인정한다. 동시에 함께 사는 데 필요한 통일된 관리를 위한 조정기구(a scheme of co-ordination)가 필요하다는 점도 인정한다. 그러나 조정은 희생을 요구하며, 이의 달성을 위해서는 길고도 미묘한 노력이 필요하기 때문에, 그리고 이러한 조정이 이와 같은 희생과 노력의 대가를 치를 만한 것인지는 개인만이 판단할 수 있기 때문에 첫 번째 원칙은, 조정은 안으로부터 자라나야 하는 것이지, 밖에서 강제되어서는 안 된다는 것이다. 사실 강제는 필요한 것이다. 그러나 그것은 또한 의심스러운(distrustful) 것이다. 강제를 에워싸고 있는 심리적 그림지(psychological penumbra)들은 타인의 필요와 요구를 묵살시키는 힘을 행사하고, 결정에 개입하는 경험을 제약하며, 경험의 수단을 갖고 있거나 그 수단의 소유자와 연결된 소수자들의 이익을 추구하며, 이들의 이익을 공동체의 복리와 동일시함으로써 요구의 유효범위를 축소시킨다.

두 번째 원칙은, 어떤 집단의 경험도 최종적 권한을 위임받을 만큼 포괄적일 수 없다는 것이다. 사실 서로 상충하는 사회적 이해들을 하나의 전체로 조정하여 질서의 목적을 추구해 나간다는 것은 모든 과제 중에서 가장 미묘하고 섬세한 작업에 속한다. 이 일은 개인이나 일 계급의 경험이나 능력으로는 감당할 수 없으며, 더군다나 노동분화로 말미암아 고도로 전문화된 오늘날에는 과거에 비해 거의 불가능하다. 한 가지 분명한 것은 지난 19세기 이래로 이 일을 주도적으로 담당해 온 산업계급은 이러한 조정 역할에 가장 부적합하다는 사실이다. 그들은 복잡미묘한 세계시장에서 재산획득을 위해 그들의 천재성을 발휘해 온 사람들로서, 인간의 삶을 주로 단지 부의 축적을 위한 싸움으로 보며, 상품을 파는 데만 관심을 둘 뿐, 이로 인한 공적 피해(public difficulties)에 대해서는 무관심하다. 비록 입법에 의해 그들의 활동을 제약하려고 하더라도, 미국의 경험에서 알 수 있는 바와 같이 입법 방해나 기피를 위한 그들의 활동에 대해 하등의 제재방법이 없다. 그들의 가장 큰 문제는 그들의 부분적 경험을 사회 전체의 필요와 동일한 것으로 보이도록 만들 수 있는 힘에 있다. 이것은 효과적인 조절을 이루기보다는 부당한 갈등만을 증폭시킨다. 이것은 또한 오스트로고르스키(Ostrogorski)와 그라함 왈라스(Graham Wallas)가 의회주의의 병리현상으로 지적하고 있는 점이기도 하다. 바로 이와 같은 이유 때문에 권리체계(system of rights)의 중요성이 강조되지 않을 수 없으며, 따라서 세 번째 원칙은 권리실현의 국가에서 공중(the public)은 모든 생산활동에 있어서 보이지 않는 협력자로서, 이들의 요구사항은 협력활동에서 존중되어야 한다는 것이다.

여기서 중요한 것이 사회적 연방주의이다. 이것은 지혜로운 정부결정을 확보하기 위하여 사회 및 산업활동에 관련된 집단들과 이들을 조정하는 권위를 행사하는 정부를 연방적으로 연관시켜(interweave) 나가는 것이다. 이것은 집단들을 조정하기에 앞서 이들이 정부에 대해 우선적으로 조직적으로 영향을 미칠 수 있는 수단을 제공해야 한다. 이러한 수단 중의 하나가 "표현의 자유"이고, 다른 하나가 "질 좋은 정보에 대한 접근가능성"이다. 이러한 "표현"과 "정보" 속에는 또한

"협의권"(the right to consultation)이 함축되어 있다. 따라서 사회적 연방주의는 관련된 집단들의 비판을 구하며, 그들의 의견을 비중 있게 받아들이고 또 그들의 특수한 요구들을 고려해야 하는 것이다.

이와 같은 방식으로 예컨대, 은행 국유화에 찬성하는 사람들과 반대하는 사람들을 협의에 의해서(by conference) 한편으로는 관료화와, 다른 한편으로는 무책임한 운영에 빠지지 않는 만족할 만한 방안에 도달할 수 있다. 한 걸음 더 나아가 이것은 국가의 직접적 행정행위를 축소시키고 다양한 상황에 대처할 법규적용에 대해 보다 큰 융통성을 주는 것을 뜻한다. 다시 말하면, 국가의 법규를 최소한의 해결책으로 간주하고 자발적으로 조직된 이해들에게 권한과 의무를 함께 갖도록 하는 것이다. 융통성의 정도가 높으면 높을수록 결정의 성과는 더욱 더 커지게 된다. 이와 같은 사회적 연방주의는 3가지 전제에 입각해 있다 : 첫째 비록 벤담학파들처럼 각 사람들은 자신의 이해의 최선의 판단자라고는 보지 않지만 각 사람들의 자기 이해에 대한 지각(sense)은 우리가 무시할 수 없는 사실이며, 따라서 이해 당사자들에게 최종 결정기관에 접근할 수 있도록 충분한 기회를 주어야 한다는 것이다. "경험의 협의는 결정에 참여할 권리를 의미한다"(the consultation of experience means the right to participate in the making of decision). 둘째 이러한 기관들로 하여금 이해 당사자들이 표명코자 하는 의지를 최대한으로 반영하도록 한다는 것이다. 셋째 이러한 노력은 결국 부분적 성공에 그칠 것이며, 오늘날의 행정의 압력과 규모에 비추어 이러한 부분성을 넘어서기는 대단히 어렵다는 것이다. 말하자면 "모든 조정은 아무리 성공할지라도 하나의 부분일 뿐"임을 인정하는 것이다.

사회적 연방주의는 무엇보다도 국가의 조절작용을 하나의 원칙으로 확립하는 것이다. 이것은 제임스(William James)의 말처럼 협동은 연방적인 것이지 제국적인 것이 아니라는 인식 하에 행동에 관한 하나의 궁극적 통일성이 아닌 필요한 여러 개의 통일성들을 형성함(building, not an ultimate unity, but necessary unities of conduct)을 의미한다.[138] 여기서 국가는 다른 모든 집단들보다도 특별히 우월한 존재가 아니

138 필자는 라스키가 말하는 "연방주의"와 정화열이 말하는 "횡단적 연계성"(transversality)은 상당한 유사성을 갖고 있다고 본다. 왜냐하면 "연방주의"가 근대국가의 일원적(monistic) 주권국가의 해체를 주장했다면, "횡단적 연계성"은 근대성의 일원적 보편주의를 해체하고자 하기 때문이다. 정화열은 이렇게 말한다 : "서구 근대성의 논리중심주의는 모든 것을 총체화시키는 일차원적 이데올로기나 '근대화' (서구화)의 '보편적 강요' (universal im/position : 하이데거의 표현으로는 게스텔(Ge/stell) 아래에서 전 지구를 무차별적으로 동질화시킨다" ; "보편성의 근대주의적 논리는 복잡하게 얽혀 있는 여러 다른 실체들을 동일성이라는 언어틀 안에 단순화시켜 포함시켜 버린다" ; "이 점에서 횡단적 연계성은 보편성의 '대안'이다. 횡단적 연계성이 보편성의 일원적 함정에서 철학을 비롯한 다른 분과학문을 구출하려 하기 때문이다" ; "[횡단적 연계성에서] 원시적이든 아니든 비서양 세계의 사상은 더 이상 홀대받지도 주변으로 밀려나지도 식민화되지도 않는다. 증명도 거치지 않고 보편적 진리를 특권적으로 소유하고 있다고 말하는 서양의 주장에 도전하면서, 타자에 대한 해석학인 민속 기술학에서 이루어진 프랑스의 최근 발전을 선도하면서 메를로-퐁티는 시사점이 많은 '나란히 보편' (lateral universal)이라는 개념을 소개한다. … 그는 모든 철학을 포괄하는 단일의 보편철학이란 없다고 주장했다. 차라리 철학의 중심은 모든 곳이다. 철학의 둘레란 없다. 진리를, 지구적 진리를 추구함에 있어서 철학에 반드시 중심과 서열화가 없어져야 한다" ; "횡단적 연계성과 보편성의 관계는 차이의 탈중심성과 동일성의 중심성의 관계와 같다. 유럽 중심주의든, 중국 중심주의든, 인도 중심주의든, 아프리카 중심주의든, 여하한 횡단적 연계성 안에 자민족중심주의가 설 자리는 없다." 정화열 저/박현모 역, 『몸의 정치』(민음사, 1999), pp. 227-230, 232-234.

라 이들과 연계함으로써, 그리고 이들의 의사를 표현하는 일반적 매개체가 됨으로써 이들을 조정하는 수단이 된다. 국가의 권위는 인간의 여러 경험들을 조정하여 각종의 요구들과 조화되는 해결책을 수립하는 데 목적을 둔다. 이 목적을 위해 국가는 접할 수 있는 최대한의 귀납적 경험들을 구체화시키고자 하며, 이때 국가는 일부가 아닌 전체를 대변하게 되고, 소수가 아닌 전체를 위한 결정을 내리게 되며, 경험을 배제하는 것이 아니라 수렴하게 된다. 그리고 국가의 권위는 이러한 해결책을 떠나서는 진정한 존경을 받지 못하며, 실질적 동의를 확보하지 못한다. 국가에 대한 충성심을 외부에서 강제되는 것이 아니라, 이와 같은 구체적 경험을 통해서 내부로부터 자연스럽게 자라나는 것이다. 특히 주의할 것은 이러한 해결책조차도 최종적인 것일 수 없다는 점이다. 이런 의미에서 사회는 국가가 최정상에 위치한 피라미드가 아니라 협조하는 이해들의 체계(a system of co-operating interests)로서, 개인들은 자신의 가치들을 이 사회에서 실현하고, 마침내 국가는 사회통합의 진정한 추구자가 되며, 평화의 기관으로서의 도덕성을 획득하게 된다.

지금까지 말한 국가의 대내관계는 대외관계에도 그대로 적용된다. 이제 민족국가는 사회조직의 최종적 단위가 아니다. 주권국가의 권력은 역사적 경험의 한 단계에 불과하다고 의식하게 되었고, 세계적 대세의 방향은 이를 폐물화시키고 있다. 국가는 자신의 수상을 선임할 수는 있으나 군비규모를 임의로 결정할 수 없게 되었으며, 자국의 석탄을 채굴할 수는 있지만 그것의 판매에 있어서는 다른 국가의 이해관계를 고려하지 않을 수 없게 되었다. 현대 문명의 제 조건들은, 특히 경제분야에 있어서는 조직적 국제협력이 요구되고 있다. 또한 이러한 협력의 결과로서 국제적으로 사고할 수 있는 사람들이 출현하기 시작했다. 그들은 비록 영국인, 불란서인, 독일인임을 부인하지는 않지만 보다 폭넓은 관점에서 민족주의을 조절하는 방법을 배우고 있다. 여기서는 국가의 대소와는 관계없이 각각의 요구가 실력이 아닌 권리의 관점에서 고려될 필요가 제기되고 있다.

이제 전쟁은 불법화되어야 하며, 국가의 목적을 실현하기 위한 수단으로서의 의미는 극복되어야 한다. 이것은 여러 국가를 연방적으로 조직하고 회의를 통해서 이해를 통합시키는 의지(will)의 수립을 뜻한다. 이것이 1919년 베르사이유 강화조약 당사국들이 국제연맹을 탄생시킨 이유이기도 하다. 그러나 가까운 장래에 세계국가의 수상이 세계인민에 의해 선출된 제네바 의회에서 자신의 정책을 개진할 가능성은 거의 없어 보인다. 그보다는 정부 간의 연속회의(continuous conference of governments)를 통해 한편으로는 효과적인 타협을 이루고, 다른 한편으로는 반대자를 강제할 기관의 설립일 것이다. 또는 각 개별국가의 정부로 하여금 다른 집단들과 조직적 협의(organized consultation)를 수행하도록 강제하는 것이 경쟁적 의지 간의 정당한 타협을 위해서 필수적임을 설득하는 것이다. 타협은 집단적 토론(corporate discussion)의 연단 속에서 이루어지며, 집단적 토론은 이것을 강제할 제도 없이는 이루어질 수 없다. 이러한 주장은 타인에게 영향을 미치는 의사결정은 타인과의 협의를 통해서 이루어져야 한다는 의식에 근거한다. 이것이 바로 모든 사람에 관련된 일은 모두에 의해 결정되어야 한다(what touches all should be decided by all)는 네 번째 원칙이다.[139]

4. 민병태의 정치학론

해방 이전에는 일본의 게이오(慶應) 대학 정치학과의 학부와 대학원에서 라스키를 공부하였고(1933-1945) 해방 이후의 정치적 혼란기에는 주로 서울대 정치학과에서 다원주의 국가론을 소개하면서(1952-1977) 한국 정치학계를 이끌어 온 민병태 교수(1913-1977)는 1949년에 라스키의 『정치학 강요 : 이론편』을 한국어로 번역 출판하였다. 그

139 라스키가 평소에도 의사소통에 대해 깊은 관심을 갖고 있었음은 그의 서한문에서 찾아볼 수 있다. 그는 Holmes 판사에게 보낸 편지에서 다음과 같이 말한다 : "I am full of ideas as to the methods of organising discussion in small groups and in the summer I badly want you to tell me (if you will) how you organise the conference of the Supreme Court and how far they are effective as an instrument of thought. If I had a really first-rate student I would put him on to studying the standing-orders of parliamentary assemblies to discover their efficacy in this regard" (*Holmes-Laski Letters*, vol. I, *op. cit.*, p. 200, May 11, 1919) ; "our atmosphere of discussion [in Harvard University] is an almost uniquely vicious method of preventing discussion. The way in which the room is arranged, for instance, means that when anyone speaks, half the audience will have its back to him and cannot therefore attend to what he says ; with of course the result that you ultimately vote either on the basis of previously formed views or on the basis of about half the arguments actually made. Moreover you only know of the business in hand two days before you meet and that means that opposition to bad proposals or the support of improvements can never be organized ; and the faculty remains an aggregation of individuals instead of being a genuinely corporate body. And when one thinks of the general decline in the standards of university life the result is uniquely bad. Of course this is true a thousand times more of the

는 "역자서"에서 라스키 정치학의 전반적인 성격과 그의 전체적 저작 안에서의 『정치학 강요』의 위치를 비교적 선명하게 밝혀주고 있다. 그 전문이 다소 길지만 인용해 보면 다음과 같다 :

> 국가와 개인, 권력체와 자유의 조절은 정치철학의 기본문제이다. 희랍시대 이래 통론으로서 국가는 최고 도덕체이며, 개인은 국가로 말미암어[아] 비로소 존재할 수 있다고 생각하여 왔다. 그러나 근대 민주주의 대두에 따라 개인 자유의 논거에서 국가권력의 제한을 강조하게 되었다. 이 시대야말로 자본주의 사회의 순조기에 해당하는 것이다.
>
> 금일에 있어서는 현대 산업주의를 시정하고 일반복리를 기도하

---

procedure of Congress. And in a hall where men sit at desks where they can read and write no one can really hope to compel debate, especially when the hall is as large as that of the House" (*Ibid.*, p. 230, Jan. 4, 1920).

그러나 놀랍게도 라스키는 일반시민이 직접 참여하는 "공론장" (public sphere)에 관해서는 칼 슈미트와 크게 다르지 않을 정도로 아주 낮은 인식 수준을 나타낸다. 그는 *A Grammar of Politics* (p. 265)에서 다음과 같이 말한다 : "The size of the modern State makes it necessary for the people to surrender direct control of principles and direct control of administration. They can, broadly, say yes or no to large general solutions, they can be for free trade and against child labor. But they must, in general express their will by choosing persons to say yes and no on their behalf. They must recognize that the persons so chosen cannot be made delegates in the sense either (a) of making all their views known beforehand, or (b) submitting their proposed views on new problems back to their constituents for scrutiny and approval. The rush of business does not permit the leisurely survey that method would involve. All the direct power the average citizen can hope for is, first the opportunity periodically to seek a change in the co-ordinating authority, and, in the intervals, to use the groups of which he is a part to bring pressure to bear upon the body."

기 위하여 국가권력의 강화가 무엇보다도 필요하게 되었다. 이는 종래 개인주의 국가관의 재검토를 의미하는 것이다. 사실 개인 자유를 유지하면서 국가기능을 확대하자는 이론은 그다지 간단한 것은 아니다. 개인주의는 궁극에 있어 무정부주의[를] 지향하는 것이다. 그러므로 이와 반대의 방향, 즉 국가의 간섭범위를 확대하면서 우리가 민주주의 경험에서 터득한 개인의 권리를 옹호하려 할 때 이론적으로 난관에 봉착하게 된다. 다년간의 민주주의 경험으로써 국가를 신임하게 되었으므로 국가권한의 확대가 시인된다는 논리는 너무나 피상적이다. 즉 국가를 감시하며 능동화하는 것은 국민의 의무인 까닭이다. 여기에 개인 권리의 보장을 위하여 다원론을 주장하며, 현대 국가의 최대 기능인 경제면을 조정하여 정치적 민주주의와 경제적 민주주의를 동시에 실현하자는 것이 라스키 교수의 이론이다.

라스키 교수는 현존하는 영국의 정치학자이다. 그를 소개할 때, 그가 약관으로 대학교수에 취임 하였다든지 또는 많은 저서를 세계에 공개하였다는 사실은 그의 비판도 아니요, 칭찬도 아닐 것이다. 우리는 다만 그의 풍부한 감수성에 경탄할 따름이다. 그의 초기 저서와 후기 저서 간에는 현격한 이론적 차이가 있다. 즉 그는 초기에 있어서는 권력분산적 다원론을 주장하였으나 후기에 있어서는 강력한 권력 조절체를 주장하고 있다. 여기에 전역하는[140] *A Grammar of Politics*(1937) 제7판은 초판 이래 이론의 발전을 부가 개정한 라스키 교수의 대본적(大本的) 저서라고 볼 수 있는 것이다.

그는 어떠한 이론을 주장할 때 결코 무조건한 단정을 내리지 않

140 실제로 1949년의 번역은 '전역'이기보다는 제2편의 "제도편"을 빼고 제1편의 "이론편"만을 옮긴 부분번역이라 할 수 있다.

> 는다. 이성을 사회생활의 최고 요소라 하면서도 이성의 제한적 면을 제시하며, 민주정부를 정치의 최고 형태라 하면서도 대중이 아닌 전문가의 실정(實政)을 주장한다. 개인주의를 주장하면서도 사회적 협동행위를 제시하며, 다원론을 주장하면서도 무정부주의를 반대하고 최후 결론으로서 지역적 의회주의를 강조한다.
>
> 이러한 논리적 추이는 결코 모순된 것이 아니다. 이는 우리가 이미 달성한 정치적 평등을 완수하기 위하여 경제적 평등이 무엇보다도 필요하며, 현 사회가 복잡은 하나 궁극에 있어 단일체로서밖에 존재할 수 없다는 사실을 반영하는 것이다. 19세기 영국이 자유의 장래에 대한 거대한 통찰지 존 스튜어트 밀을 산출한 것과 같이 20세기 영국은 자유를 사회통제에 포섭시킬 수 있다는 위대한 정치학자 하롤드 라스키를 산출한 것이다.[141]

그리고 약 10년 후인 1958년에 민 교수는 그동안의 연구와 강의를 집대성한 『정치학』을 출판하였다. 민 교수는 이 책의 "서"에서 "모든 정치이론"은 "시대적 조건을 반영하는 이념의 표현"이라고 말하고,[142] 따라서 "이것을 전적으로 채택하거나 또는 전적으로 무시할 수

141 민병태, 『정치학』(보문각, 1958). 다른 한편 Bernard Crick은 이렇게 평한다 : "Laski's 'greatness was as a teacher and preacher, not as a political philosopher,'" Isaac Kramnick and Barry Sheerman, *Harold Laski : A Life on the Left*(London : Hamish Hamilton, 1993), p. 585.

142 민 교수는 『정치학』 '본문' 중 여러 곳에서도 같은 견해를 피력한다. 그 중 한 구절만 인용하면 다음과 같다 : "국가를 행복을 실현하기 위한 필요한 최고 형태라고 한 아리스토텔레스, 교권과 속권 사이에 승부가 결정되지 않은 중세기에 있어 신을 지지한 토마스 아키나스와 케저를 지지한 오캄, 불란서 군주에게 주권

없다"고 주장한다. 여기서 민 교수는 "본저[가] 정치학 원래의 임무를 벗어나지 않"으면서, "이것을 과학시대의 민주주의에 결부시키려는 문제를 주제로" 다루었음을 강조하고, "민주주의에서 요청되는 정치학의 방향을 제시하는 데 노력을 경주"했다고 밝힌다. 한마디로 민 교수의 『정치학』은 첫째 기존의 "국가학"의 전통에 대한 비판에서 출

이라는 월계관을 제공한 죤 보당, 인민을 위하여 권력을 제한하자는 죤 록크와 권력을 무제한히 하자는 쟝 쨕 룻소, 국가이론의 위기를 부르짖은 해로르드 라스키는 각각 시대적 조건을 반영하는 만큼 그 이론에 있어 다른 것은 물론이나 누가 무엇을 위하여 어떻게 통치하여야 한다는 테마를 추구한 점에 있어서는 공통되는 것이다"(민병태, 같은 책, p. 10). 그러나 이정복 교수는 "모든 정치이론"이 "시대적 조건을 반영"한다는 민 교수의 주장을 자칫 "상대주의라고 오해해서는 안 될 것이"라고 경고한다. 왜냐하면 "그[민병태]는 '모든 예술품이 사회적 조건을 반영한다고 볼 수 있는 반면 그리스의 조각에 표현된 미는 여전히 계속되고 있"으며, 따라서 "'과거의 이론 중 어떤 것이 현대에 있어 통용되고 어떤 것이 통용되지 않는가를 구명' 할 것을 후학들에게 요구하고 있"기 때문이다. 이어서 이정복 교수는 민 교수의 학문 전반에 대해서도 다음과 같이 논평한다 : "공삼[公三 : 민병태 교수의 호]의 다원론, 서양정치사상사, 과학주의 정치학 비판은 모두 당시의 한국 정치현실을 이해하는 데는 큰 도움을 주지 못했다. 1950년대와 1960년대 한국의 권력구조는 다원론과는 거리가 먼 독재구조를 가지고 있었고, 한국의 정치사 역시 서양정치사와는 다른 발전과정을 가지고 있었다. 과학주의 정치학 비판은 비판으로서의 의미는 있었으나 그것의[이] 한국정치의 비전을 제시해 주는 것은 아니었다. 그리하여 공삼의 정치학에 대해서는 현실적 적실성이 약하다는 비판이 있기도 했다.

"그러나 다른 한편 그의 정치학은 당시의 정치현실을 비판적으로 볼 수 있는 하나의 철학이었다. 그가 소개한 다원론과 사회민주주의론은 독재정치와 매카시적 반공주의에 대한 부정이었고 서양정치사상사는 한국정치의 발전 방향도 밝혀주는 궤적이었다. 과학주의 정치학 비판은 정치현실에 안주하기보다는 민주적 가치에 중요성을 부여하는 인식론이었다.

발하여 현대 사회과학의 한 분야로서의 정치학의 재정립을 지향하며, 둘째 민주주의에서 요청되는 정치학의 방향을 다원주의에 초점을 맞추어 모색한다. 필자는 이와 같은 관점에서 (1) '국가학' 비판, (2) '권력론' 비판, (3) 다원주의적 시민정치론의 순으로 민병태 『정치학』을 살펴보고자 한다.

(1) '국가학' 비판

민병태의 『정치학』은 제1편 제1장의 서론("사회과학의 현대적 의의")에 이어 제2장에서 "정치학의 역사"를 다룬 다음(pp. 9-19), 정치학의 일반적 전통과는 "그 분야와 방법에 있어서 대척적(對蹠的)"인 "독일의 국가학(Staatslehre)"에 대해 상세히 설명 · 비판한다.

"공삼은 한국 정치학 수립기에 서양의 고전적 정치학을 수입해 한국 정치학을 서양 정치학의 기반 위에 올려놓으려고 노력한 한국 정치학의 태두이다." 이정복, "내가 본 공삼(公三)" [교수신문, "한국학계 형성기의 지적 풍경 12 : 한국 정치학의 스승 공삼 민병태"(1913-1977)].

또 이정복 교수는 최근의 저작에서 민병태 교수를 윤천주 · 이용희 교수와 비교하여 이렇게 말한다 : "윤천주 교수는 한국의 정치학이 우리 것의 연구에 기반해야 되고 미국의 행태주의 방법론 혹은 과학적 방법론을 과감히 수용할 것을 촉구하였고, 이용희 교수는 구미의 정치학에 내포되어 있는 팽창주의라는 이데올로기적 성격을 파악해야 된다고 강조하였고, 민병태 교수는 정치학이 과거의 서양 정치이론과 분리될 수 없고 가치문제를 무시할 수 없고 타학문의 방법론을 이용하는 다원적 연구가 되어야 한다고 주장하였다." 이정복, 『한국 정치의 분석과 이해』(서울대학교출판부, 2006년), p. 822.

민 교수에 의하면, "일찍이 아리스토텔레스는 『수사학』(*Rhetoric*)에서 '특수한' 실정법과 '공통된' '자연에 따르는' 법을 구별"한 바 있다. 그러나 "제농(Zeno)"은 아리스토텔레스의 '자연적인 것'을 "역사와 경험을 초월하는" 자연법으로 보고, 이것을 "전제로 하여 도시국가(polity)가 이성의 국가(city of reason)로, 이것을 다시 코스모폴리스(Cosmopolis)로 지향케 하는 사해동포와 인간평등의 이념"을 발전시켰다. "이 이론은 그대로 로마법에 계승되어 키케로(Cicero)는 법체계를 시민법(jus civic)—각 지역의 관습법—과 만민법(jus gentium)—시민법에 대치되는 각 지방에 보편화될 수 있는 법—에 상위하는 공통된 인성, 즉 인간의 요구와 본능에 대립하는 이성에 의하여 인간에 부여되는 법으로 나누어 후자를 최고위에 해당하는 자연법(jus naturale)이라고 하였다. … 이것은 다시 속권, 사유재산, 노예제도 및 속죄로 표시되는 현실 사회에 대한 절대법의 이념으로서 중세기의 스콜라티시즘에 그대로 계승되었다."

"16세기와 17세기[의] 자유이념의 재생은 새로 이러[일어]나는 혼란—민족국가의 체제, 국가와 교회의 대립 또는 국립교회의 문제, 국가 간의 대립과 알력, 국가권력과 개인의 자유에 관한 [혼란]—을 해결하기 위한 새로운 자연법학파를 등장케 하였으며, 그들의 이념은 다시 18세기[의] 철학"으로 이어졌다. 민 교수에 의하면, "그로티우스(Grotius), 푸펜돌프(Pufhendorf)"로부터 "칸트(Kant), 피히테(Fichte)에 이르는 자연법학자들은 … 스콜라티시즘에서 완전히 이탈하여 자연법이 교회에 복종하는 것이 아니라 교회가 자연법에 종속하여야 한다는 전제에서 교회의 국가에 대한 관계를 논하였으며 … 순수한 인간의 이성(ratio)에서 국제법과 헌법의 이념을 추출하였다."

이와 같은 장기간의 대륙의 법철학을 바탕으로 "제19세기 말에서 제20세기 초"에 독일에서 "공법학자들"을 중심으로 탄생한 것이 "국가학"이다. 이들은 "지배현상(Herrcherschaft) 또는 권력체제(Machtaeren)로서 국가를 규정"하고, "어떠한 국가든지 법률로 통치된다는 전제에서 … 국가의 권력관계를 법 개념에서 구명하는 데 치중하"였다. 이에 대해 예리네크(Jellinek)는 "일반 국가학(Allgemeine Staatslehre)에서 사회학적 국가학(sogiale Staatslehre)과 국법학(Staatsrechtslehre)"을 구분하고, 전자를 "사회조직체로서의 국가의 공동목적 및 법의 강제력을 사회학적 방법에 의하여 파악"하는 영역으로, 그리고 "후자는 국가를 법적 통일체로서 규정하여 법주체인 국가인격의 본질을 법률학적으로 설명하는" 분야로 나누어 접근하는 2원론적 방법을 제시하였으나 결국은 국법학의 지위를 중요시하는 한계를 나타냈다. 민 교수에 따르면, "국가학은 그후 점점 국법학적 방향으로" 치우쳤고, "국가과학(Staatswissenschaft)의 범위를 축소하여 법률 이외의 정치분야를 등한시하는 경향을 나타"냈다. 민 교수의 표현에 의하면, 국가학은 "국가를 법이념과 법운용(legal work) 면에만 국한"시킴으로써 "현대 정치에서 가장 중요한 정당, 사회, 집단, 경제, 문화 등의 제 요인을 무시"했다는 것이다. "특히 순수 법학자인 켈센(Kelsen)은 국가의 법적 성격을 강조할 뿐만 아니라, 법학을 과학화할 의도에서 법의 규범성(Normativität)만을 강조하고 실재(Sein)의 면을 일체 배제한 까닭에 현대 정치학과는 완전히 유리되는 결과를 초래하였다"(『정치학』, pp. 19-24).

여기서 민 교수는 "국가학"에 의해 탈정치화된 "국가"를 정치학적 관점에서 재검토할 필요가 있다고 보고, "국가를 각종 결사(association)와 관련되는 하나의 결사로서 규정할 수 없는가의 문제를 제기"

한다. 민 교수에 의하면 "국가는 윤리적으로 볼 때 도덕적 인격이며, 공법에서 볼 때는 법인격이"고, "사회학적으로 볼 때 어떤 목적에서 결합된 결사(association)"라고 할 수 있다. 그리고 민 교수는 이러한 "결사"가 "일정한 인구(population)와 영토(territory)", 그리고 사회적 조건에 제약되지만 "법을 통해 사회를 통제하는 기구" 및 외부로부터 독립적으로 권력을 행사할 수 있는 "주권"(sovereignty)을 구비할 경우 일단 "이것을 국가라고 부를 수 있다"고 말한다. 그는 "인구, 영토, 통치기구, 주권"의 4요소가 예리네크의 "국가 3요소성"(인민, 영토, 주권)보다 진일보한 것으로 본다. 이어서 그는 이상의 4요소 가운데 "인구", "영토", "통치기구"의 필요성은 인정하면서도 "주권"의 정당성에 대해서는 의문을 제기한다. "주권"이란 "최고의 독립된 권력", 또는 장 보당(Jean Bodin)의 정의에 따르면 "법에 구속되지 않는, 시민과 신민에 대한 최고의 권력"을 말한다. 그러나 그는 "현실적으로 최고의 권력이 있을 수 없으며, 비영구적인 인간이나 기관에게 어떻게 최고, 유일, 만능(semper, unique et ab omnibus)의 주권"을 귀속시킬 수 있겠느냐라고 묻는다. 그리고 그는 "현대 정치이론은 주권에 관하여 회의적이거나 그렇지 않으면 이것을 부인한다"고 말하면서 자신의 주장을 주권론의 역사적 전개과정을 검토함으로써 확인한다. 결론적으로 그는 "주권론의 해체"를 선언하고 "'칼을 띠는' 절대주권 국가"의 존재 그 자체를 부인하는 다원주의를 주장한다 :

> … 분산적인 개인과 강력한 리바이아잔이 대립될 때 그 승부는 스스로 명백한 것이다. 여기에 주권론은 개인의 자유를 유효히 보장하기 위하여 개인과 국가의 대치를 단체와 국가의 대치로 전환하게 된다. 민주

> 주의에 있어 자유와 평등의 당위성을 강조함은 로크 이래 일관된 이념이나, 새로운 국가이념은 현존 사회의 분석에서 그 목적이 가능할 권리조직을 주상한다. 이러한 일련의 정치론을 우리는 국가다원론(pluralism)이라고 부른다.
>
> 그들은 일원적 국가이론은 각각 그 사회적 조건과 목적을 반영하나, 이것은 결국 기성계급을 위한 주권 개념에 지나지 않는 고로 집단기능을 통하여 전체 국민의 이해를 조절하자는 것이다. 그들은 현대 사회의 특징을 집단조직의 발달과 국가기능의 확대라고 본다. 여기에 주권적 집단의 자치권에 의하여 개인의 자유 평등이 실질적으로 보장될 체제를 결론하게 된다. 물론 국가다원론은 일원적 국가론을 배제하는 만큼 주권 개념을 부인한다. 여기에 사회학적 분석의 결과 나타나는 결론은 각각 다르나, 그들은 적어도 개인주의를 지양(止揚)하여 집산주의를 채택하는 데 있어 그 의의가 있다고 볼 수 있다(『정치학』, pp. 181-182).

아울러 민 교수는 국가다원론의 계보를 일별한다 : "국가다원론은 영미의 사회연방주의, 즉 정치적 두령(頭領)보다도 자치적 사회집단에 복종한다는 재래의 이론과 독일의 단체법 이론, 특히 기에르케(Otto von Gierke)의 단체이론에서 중대한 영향"을 받아 "피기스(Figgis)는 종교단체의 생활에서, 후오렛트(Follett) 여사는 사회심리학에서 본 집단과정에서,[143] 마키버(MacIver)는 국가라는 결사의 상대성에서 각

143 그녀는 "집단조직은 우리들이 현재 모색하고 있는 새로운 세계를 창조해 줄 것을 의심치 않는다. 왜냐하면 창조의 원천은 바로 집단이며 창조력은 집단생활의 활동을 통해서 발전하는 것이기 때문이다"라고 말했다. 이극찬, 『라스키』(지문각, 1968), p. 76에서 재인용.

각 주권을 부인한다. 그러나 실질적 민주주의와 주권 부인을 가장 명백히 결부시킨 것은 라스키와 콜"이다. "바커(F. H. Barker)는 기에르케의 단체이론을 계승하여 권력체를 분립적 · 원자적 · 분자적 집단으로 규정하는 다두주의(polyarchism)를 주장하였다."[144] 이에 따라 "콜(G. D. H. Cole)은 국가의 포괄적 통제"를 배제하는 "직능단체 이론을 체계화"하였으나 "라스키는 주권을 철저히 부인하는 다원론과 동시에 다수 결사가 상호 의존하는 질서화된 생활 또는 계획화된 생활을 위한 집산주의 국가이론을 체계화"하였다(『정치학』, pp. 182-183).

그러면 "주권"이 없는 국가란 도대체 어떤 국가인가? 여기서 민병태 교수는 "국가의 본질에 관한 재검토"의 성과를 다음과 같이 정리한다 : ① 라스키가 말한 바와 같이 국가는 인간생활의 전 영역을 통할하는 것이 아니다. 국가와 사회는 별개의 것이다. '국가는 사회질서의 중심이 되지만 결코 사회와 동일한 것은 아니다.' 그러나 이 '사회 중의 사회'는 최고적인 주권을 제거함으로써 제 결사의 향상된 지위를 보장할 임무가 부여된다(『정치학』, p. 212).

144 바카 경(卿)도 "가령 우리들이 개인주의자라고 한다 할지라도 오늘날에는 집단적 개인주의자로 되고 있는 것이다. 그러므로 스펜서(Spencer)처럼 개인 대 국가(the Man Versus the State)가 아니라 우리들은 집단 대 국가(the Group Versus the State)로 기술해야 한다"라고 말했다. 이극찬, 같은 책, p. 76에서. 또 I. Kramnick과 B. Sheerman은 앞서 인용한 책(p. 107)에서 이렇게 말한다 : "Polyarchism was the word invented by … Enest Barker in a 1914 essay, 'The Discredited State', to describe the pluralist rejection of the authoritarian state and its image of a dispersal of power in many hands, a word unknowingly reinvented decades later for the same purpose by the American pluralist political scientist Robert Dahl."

② 국가는 자유경쟁이 조화적으로 운용될 때에는 그 체제의 수호자로서의 기능을 발휘한다. 그러나 이것이 불합리하거나 또는 혼란에 빠질 때는 조정자로서의 기능을 발휘해야 한다. 이것은 최고의 존재자로서의 국가가 아니라 구체적인 정부의 기능을 통하여 수행된다(『정치학』, pp. 153, 190).

③ 현대 제 조건은 제 결사의 독립으로만 해결되지 못할 새롭고 복잡한 문제를 제기한다. 산업주의의 발달은 완전히 상황을 변화시켜 놓았다. '대산업'은 '대정부'를, '행정적 허무주의'는 방대한 관료제도를, 대규모 '테크놀로지'(technology)는 '다수결'을 가능게 하였다. 이 변형된 현대적 리바이아잔은 여기에 병행되는 '철학회'나 소비조합에 의하여 좌우될 대상이 아니다. 이것은 현대 문제의 해결에 있어 새로운 방법의 제기를 요청한다(『정치학』, p. 213).

④ 물론 현대 사회생활에 있어 경제적인 자유를 확보하기 위하여 권력을 제한하고 경제적인 결사 간의 협동에서 현실 문제를 해결하려는 데서 국가와 사회를 구별하여 국가와 결사의 병립을 규정하였다는 점에서, 다시 말하면 국가 대 개인이 아니라 국가 대 단체의 관계에서 자유와 평등의 실현을 도모했다는 점에서 다원론의 의의를 시인할 수 있다. 그러나 사회의 정치적 구조와 경제적 구조가 같은 조직의 양면에 지나지 않는 만큼 정부의 조정기능을 통하여 경제생활에 있어 자유를 보장할 제 규정과 유효한 자유에 필요한 제 조건을 강조해야 한다. 다시 말하면, 국가와 국가 이외의 결사의 병립과 아울러 국가기능의 조정적(co-ordinative)역할을 강조하게 된다. 이런 이유에서 마키버(MacIver)는 "국가"를 "질서와 조정의 일 체계"로, 민 교수는 "다수 결사가 상호 의존하는 질서화된 또는 계획화된 생활을 실현하

기 위한 조정체"로서 국가를 정의한다(『정치학』, pp. 201, 203, 213-214).

⑤ 이러한 임무는 혁명 또는 "'조건적' 무정부주의"에 의존할 수도 있다. 그러나 '대중의 생활수준을 인도의 농노수준으로 떨어트릴' 현대 문명기술에 있어서의 혁명은 억압의 제거와 민주적 절차에 의해, 그리고 민주주의를 더욱 적극화하고 기능화함으로써 회피할 수 있다(『정치학』, p. 153).

⑥ 요컨대 다원론은 추상적이고 신화적인 지배자와 일반적 지배계급에 기인하는 '누구'의(of) 독자적 권력이 아니라, 사회에서 각종 목적을 추구하는 제결사들의 사회세력 또는 사회적 정당성에 의존하고(owed), 또 이것이 반영되는 권위체로 하여금 부분을 초월하는 보편적인 이해 조정을 담당케 함으로써 국가기능의 확대와 민주주의의 결합이 가능하다고 본다(『정치학』, pp. 203-204).

⑦ 아울러 정치적 다원론자들이 국가와 국가 이외의 결사의 대립을 주장하는 동시에, 당연한 소건의 복잡성에 비추어 제 결사 간의 이해조절에 있어 국가기능의 적극화를 강조하는 데 대하여 이론적 모순을 추궁하는 것보다도 현대적 상황을 더욱 명백히 파악할 필요가 있다는 것이다. '사회는 개인의 목적이며, 개인의 목적을 달성할 수단임이 명백하다. 그만큼 권위체(국가)는 이 목적에 대한 장애물에 불과함이 틀림없다' 고만 볼 것이 아니라, 국가는 사회로 하여금 전적인 사회기능을 발휘하도록 할 현대적 임무가 부여되어 있다고 해석하여야 한다(『정치학』, p. 214).

(2) '권력론' 비판

민병태 교수는 비록 절대적 의미의 "주권"은 부인하지만 "권력" 그 자체마저 부인하는 것은 아니다. 그에 의하면 "인간 사회에는 분쟁을 최종적으로 해결할 권력체가 필요하며, 이 권력은 국가 이외의 다른 어떠한 사회세력에 의해서 행사될 수 없"(p. 174)기 때문에 "국가권력은 정치사회가 성립된 이래 현재에 이르기까지 정치생활의 핵심" 문제가 되었다. 특히 근대 "주권 개념"은 다누수의석(polyarchical) 중세의 분열된 세계에서 전제군주에 의한 민족국가로 통일되려는 전환기에 장 보당이 최고의 권력을 추상(抽象)하여 이것을 군주에 귀속시킴으로써(1576) 시작되었다. 이처럼 "절대군주의 이론적 지주"로서 출발했던 주권론은 민주주의의 발달과 더불어 "인민주권"론으로 변형되었다. 그 대표적 이론가가 바로 장 자크 루소였으며, 그의 이론은 이른바 "일반의사"에 의해 집약된다. 즉 "국가에는 원래 1개의 최고 의사가 있으며, 이 최고 의사"에 "절대복종"(pp. 14-17)함으로써 "도덕과 자유가 보장된다"는 것과 만약 인민주권이 타당하다면 이것이 강력할수록 정당하다는 것이다. 그러나 민 교수에 의하면, "일단 인민의 의사가 성립되고 나면" 각 "개인의 지위는 빈약하기 짝이 없"으며, "일반의사를 가장[한] 독재정치"를 막을 수 없다는 것이다. 여기서 국가다원론은 "개인의 자유를 유효하게 보장하기 위하여" 국가를 결사 중의 하나로 보고 국가의 특권적 "주권"을 부인하게 된다.

그러나 민 교수는 국가다원론자들이 "사회조직과 사회통제의 필요성"까지 부인하는 것은 아니라고 말한다. "콜(G. D. H. Cole)이 말한 바와 같이 결국 정치현상은 사회의 유력한 제 제도(諸制度)의 결합으로서 등장"한다. 콜도 "물론 주권을 부인하였으나 다수의 제 제도와 제 세력은 결국 주권적인 의사를 구성한다"는 것이다. 이렇게 볼 때, "용어로서의 주권은 해소될 수 있더라도 사회통제의 문제는 여전히 정치이론의 주요 대상으로 존재"(p. 184)하게 되며, 이를 구명(究明)해야 할 과제는 계속 남게 된다.

민 교수에 의하면, "현대의 정치학자들"은 첫째 "국가의 구성요소"에서, 둘째 "국가와 사회의 관계"에서, 셋째 "기도(企圖)로서[의] 권력에 의하여" 국가의 본질을 구명코자 한다. 이 중에서 그들은 특히 "권력"을 무엇보다도 "중요시한다." 그러나 민 교수는 "권력을 핵심으로 하는 정치이론"의 "대부분"이 "인간의 의도면을 무시할 뿐만 아니라 권력이 행사되는 제 조건을 무시"하는 경향이 있다고 지적하면서 이 "점을 재검토할 필요가 있다"고 강조한다(p. 217). 여기서 민 교수는 홉스의 "자연상태"에 관한 논평으로부터 시작한다 : "홉브스[홉스]는 "자연상태에는 정부도 없고 법률도 없으며, 다만 있는 것은 만인 대 만인의 투쟁이다"(bellum omnium contra omnes)라고 한다. 이러한 무정부 상태에서 서로 대립되는 전투적 권력이 어떻게 질서와 법률을 담당하게 되는가, 나는 홉브스의 '자연상태'가 평등의 상태라고 해석하고 싶다. 즉 서로 투쟁하는 장면은 실력이 비등한 경우에서 나타나는 까닭이다. 그러나 죽음에 대한 공포를 벗어나기 위하여 그들의 실력을 균형화하고 또는 양보함으로써 지배자는 비로소 그들을 통치할 권력을 확보하게 되는 것이다. 이러한 단계에 있어 권력에 대한 욕망은 후퇴하고 질서의 체제가 전면에 나타나게 된다." 여기서 민 교수가 강조하는 것은 "순수한 물리적 권력"은 "존재"하지 않는다는 사실

이다 : "군주는 창업이나 세습에 의하여, 대통령은 선거에 의하여 각각 권한을 가지게 되[며], 이것은 모두가 그 나라가 가지는 체제와 조건에 **의존함**을 잊어서는 안 된다. 힘을 실체적으로 고정화함은 온도, 습도 및 토양과 관계가 없이 씨앗의 '생의 힘'을 논하는 것과 같"다(『정치학』, pp. 217, 219. 강조은 필자의 것임).

같은 관점에서 민 교수는 현대 정치학의 대표적 권력론자인 카트린(Genge Catlin)과 라스웰(Harold Lasswell)을 검토한다. 카트린은 인간이 자기의 욕망을 달성하기 위하여 수행하는 "의사(意思)의 행동"을 "원자"와 같은 정치학적 "자료"라고 말한다. 인간은 "자기 의사를 타인의 의사에 과할 때 의사의 상충"이 일어나며, 이것은 "세력, 감언, 설복, 전통 또는 법률에 지배된다. 이것이 권력을 위한 투쟁의 본질이다" ; "인간은 신체의 자유를 보장하며, 자기의 뜻에 맞도록 허영이나 지위를 획득할 자유를 보장하기 위하여 권력을 욕망한다. … 이러한 욕망을 둘러싼 충돌, 지배 및 반항에 대한 인간의 경향은 원인이 되는 주요 사항을 토의함으로써—토의가 불가결한 것이나—완전히 설복될 수 없다"(pp. 219-220). 또 라스웰은 "권력에 대한 욕망은 개인의 소질(predisposition)"에서 비롯된다고 본다 : "일 개인의 욕구는 될 수 있는 대로 많은 가치부여와 적은 가치박탈을 지향하는 고로, 인간 행동은 가치부여 대 가치박탈의 비율을 예상함으로써 구속된다" ; 그러나 "소질은 인간에 내재하는 행동의 결정요인"일 뿐이(p. 139)며, "행동"에 외적으로 "작용"하는 "환경"을 고려할 때, "모든 행동은 이 두 가지 요인에 의하여 결정된다고 말할 수 있다."

그러나 민 교수는 양자에 의해 대표되는 권력론을 다음과 같이 비판한다 : 첫째 "그들은 정치를 힘에서만 추출한 까닭에 무제한한 정치현상에 당면하게 된다." 여기서 민 교수는 "일반적 권력과 정치적 권력을 구별하여 후자를 정치적 제 상황에 비추어 포괄적으로 검토" 할 것을 주장 한다. 둘째 "정치현상"은 그 "자체가 다각적으로 구명되어야 할 제 요소를 포함하고 있"으며, 또 정치권력이란 "사회세력의 일부분에 지나지 않"기 때문에 "권력"에만 초점을 맞추는 일원론적 방법은 오히려 정치현상을 왜곡시킬 수 있다. 따라서 민 교수는 정치학 연구가 "다각적" 또는 "다원적"으로 이루어져야 한다고 말한다.[145] 셋째 정치적 지배관계에 있어서는 다른 집단현상과 마찬가지로, 인민

---

145 민병태 교수는 "정치학[이] 물론 자연과학이 될 수 없"지만, "다양적인 정치현상을 객관적으로 파악하기 위하여는 각종 과학적 방법을 이용하는 「다각적」 연구가 필요"하다고 강조하면서 다음과 같이 다양한 접근법들을 구체적으로 제시한다 : "첫째로 인간은 물리적 '메커니즘'으로서 규정될 수 있다. 인간은 자극(stimulus)에 의하여 움직이며, 국가생활에 있어서도 권력 지배에 기계적으로 행위한다." 이처럼 "자동력이 없는 대상은 물리적 방법에 의하여 구명된다. 둘째로 인간은 고등동물에 해당하는 생물학적 유기체(organism)로서, 그는 자기를 세포로 하는 국가라는 유기체 내에서 생존한다. 이와 같이 … 정치체의 발전과 변천은 생물학적 방법으로 설명할 수 있다. 셋째로 인간은 전통과 제도에 따른다는 [점]에 있어 '사회적 동물'이다. 인간은 … 기존 법률과 사회체제에 따르는 고로 이러한 분야에 관하여는 통계학, 법률학 및 심리학의 성과를 빌리게 된다. 넷째로 인간은 경제인(homo oekonomicus)으로서 방편적 교환에 의하여 자기 욕망을 달성한다. 특히 경제생활은 정치에 중대한 영향을 끼치는 만큼 정치학은 자연히 경제학과 긴밀한 관련성을 가지게 된다. 다섯째로 인간은 목적에 관한 고도의 비판적 고안으로 문제를 해결하는 고로 가치판단과 장래에 있어서의 당위성을 철학적 방법[으로] 구명하게 된다. 여섯째로 사회, 문화, 경제의 각 분야에 있어서의 개인적 욕구와 각자의 비판적 고안은 결사의 자유를 실현하게 된다. 여기서 결사의 기능과 그들의 국가권력에 대한 지위는 사회학적 방법을 정치학에 도입케 한다." 민병태, 『정치학』, 같은 책, pp. 103-104.

이 결정의 목적과 시행의 방법을 알면 알수록 그만큼 더 정치의 움직임이 원활해진다. 이것이 어째서 "정치적 권력은 이것이 실현하려는 목적에 비추어 구명되"어야 하는지에 대한 이유이다.

따라서 "현대 정치학은 사회세력이 국가 또는 정부에서 구체화되는 정치권력을 고찰할 뿐만 아니라, 권력 배후에 개재하는 정치의 목적과 동기를 이해하여야 한다. 정치학은 정치적 결사, 제도 및 정책을 검토하는 동시에 정치의 이론과 실제의 기반을 이루는 규준(規準)과 가치를 명백히 하여야 한다. 물론 국가의 궁극적 목적이나 이상국가에 관한 것이라면 이것은 윤리학이나 철학에 연관되는 문제"이다. 그러나 민 교수는 "정치학"은 "정치권력과 목적의 상호 관계"에서 "체계화되지 않으면 안 된다"고 주장한다. 왜냐하면 "정치목적의 실현은 정치권력에 의존하는 동시에 정치 '가치'와 이상은 그대로 정치행위에 반영되는 까닭이다."

계속해서 민 교수는 이렇게 말한다 : "우리는 플라톤의 정치적 이상과 마키아벨리의 정치권력에 일반적으로 치우치는 것이 아니라, 정치체를 하나의 목적체로 규정하여 이것이 발휘하는 기능을 합리적으로 분석하고 비판하여야 한다. … 정치분야는 인간의사의 관계인 만큼 목적에서 그 관계가 설명되어야 하며, 그 정당성(rightness)이 문제화되는 것이다. 여기에 목적과 현실적인 정치권력이 결부되어 나타나는 국가의 기능—국가가 현재 수행하고 있는 [기능]—을 고찰하고 비판하는 사회과학으로서 정치학의 진로가 개척되어야 한다. 넷째 라스웰이 말하는 "권력에 대한 욕망은 개인의 소질"에서 비롯되는 "감정이라기보다도 환경적 제조건에 기인하는 것이며, 또 이것은 제도에 대한 개인의 작용이 아니라 제도에 의하여 기동(機動)된 동기에서 나타난다고 볼 수 있다.” 또 “사회선을 추진하고 제도의 형태를 고려할 때 우리는 ‘제도 하의 행위’(institutional behavior)를 제도의 영향 하에서 행동하는 개인의 행위로서 뿐만 아니라 제도를 통하여 행동하는 행위로서 이해할 필요가 있다”(pp. 139-140). 다시 말하면, “개인의 행위와 내각, 국회, 위원회, 교회 등의 행위를 같은 것으로 간주해서는 안 된다.”

그러면 “정치권력의 본질”은 무엇인가? 민 교수는 이것을 다음과 같이 정리한다 : ① 사회의 권력관계는 역사적 · 사회적 상황에 따라 비정치적 권력에서 정치적 권력으로 전화하였다. ② 정치권력은 소수의 치자와 다수의 피치자의 분화에서 비롯된다. 또한 치자와 피치자는 모두가 사회적 체제와 제 구성(諸構成)의 조건을 반영한다. 이런 의미에서 순수한 물리적 정치권력이란 존재하지 않는다. ③ 어떤 조건에서 구성된 ‘권력 핵심’(Machtkern)의 주위에는 막료와 제 장치가 배열된다. 그들은 각종 방법을 나하여 보유한 권력을 유지하며, 이것이 여의한 정도에 비례하여 권력을 노골화하게 된다. ④ 다른 한편 피지배자는 적극적인 지지자와 반항자 이외에 현대 민주국가에서 찾아볼 수 있는 다수의 방관적 중립자로 나눌 수 있다.

⑤ 소수에 의한 지배양상을 일단은 불가피한 현상으로 받아들인다. 민 교수는 이렇게 말한다 : “국가의 역사를 볼 때, 인간은 언제[나] 과두정치의 양상을 벗어나지 못한 만큼 우리는 정치의 본질을 적어도 실제면에서 규정한다면 소수에 의한 다수의 지배라고 할 수 있[다.] 이것은 고대 종족 국가에서나 전제군주 정치에서나 현재 독재정치 또는 민주정치에 일관된 현상인 것이다. 그럼에도 불구하고 문명의 발달은 정치의 권력구조에 있어 근본적인 변천을 가져오고 있는 것

이다. 그러면 과거와 현재의 차이는 어[디]에 있[는가]" (『정치학』, p. 260).

⑥ 이것은 첫째, 개인 또는 조직이 소유하는 권력의 정도에 따라 다르다. 둘째, 유력한 조직의 종류에 따라 다르다. 예컨대 군사독재, 신권정치, 금권정치에 따라 각각 권력이 달라진다. 셋째, 권력획득의 방법에 따라 다르다. 세습군주와 승직상의 자격에서 선임되는 지배자와 민주적 선거 또는 전쟁에 의하여 군림하는 자의 권력은 각각 차이가 있다.

⑦ 예리네크에 의하면, 국가권력은 지배력(Herrscherschaft)이 확립된 다음 일정단계에 이르면 자기 권력을 자기 스스로가 구속하는 '자율성' (Selbstverphlichtung)을 갖는다고 말하였으나 힘은 언제나 남용될 우려가 있다는 몽테스키외의 경고에 더 주목해야 한다. 그러므로 현재의 민주사회는 권력의 견제와 효과적인 운영(運營)에 있어 '인적' (personal) 지배에서 '제도적' (institutional) 지배로 이행되었다고 하여 모든 문제가 해결된 것으로 착각하는 것은 지극히 위험하며, 국가기능 자체에 대한 비판과 여기에 대한 국민의 적극적인 감시가 필요하다.

⑧ 권력을 정당화하려는 것(Legitimität)과 윤리적으로 그 자체가 정당하다는 것은 별개의 문제이다. 이 점에 있어 적어도 권력에 관한 한 헤겔의 "현실적인 것은 참된 것이다" (real is real)라는 표현은 적용될 수 없다. 권력의 본질로 보아 전자는 지배자에게, 후자는 피지배자에게 절실한 문제이다.

⑨ 막스 베버는 지배의 근거를 전통적 · 합법적 · '카리스마' (charisma)적 세 가지 유형으로 구분하고 있다. 그러나 이것은 권력이 본질적으로 정당하다는 것을 의미하지 않는다. 우리는 독재정치가일수록

그 권력장악에 있어 기존 법률과 관행을 가장하려는 특징이 있음을 사실(史實)을 통해 알 수 있다. 나폴레옹은 국민의회를 강압하여 권력을 승인케 하였으며, 레닌은 제정 러시아의 국회세력을 잔존시키고 케렌스키의 집권을 일시 방치하였으며, 히틀러는 힌데부르그 대통령에 의하여 정식으로 조각을 위촉받았다. 이러한 모든 사실은 그 자체가 정당한 것이라기보다는 권력장악의 방법으로 기존의 법률을 이용한 데 지나지 않는다.

⑩ 다음으로 피지배자 측에서 본 정당성의 문제에 대해 민 교수는 권위체 스스로가 도덕을 실현하는 문제로 이해하지 않는다. 그에 의하면, "국가의 레손데틀(raison d'être)은 도덕의 실현이 아니라 대립의 해소—불가능한 까닭에 영구히 존속한다—에 있다"(『정치학』, p. 248). 문제되는 것은 다수인이 시인할 수 있는 방향에서 권력 자체가 정당화되는가에 있다. 이것은 결국 '대중의 경험'이 최대한으로 반영되는 권위체의 구체화를 의미하며(pp. 223-229), 동시에 권위체가 언제나 지도하는 것보다도 따라야 할 대상에 의하여 강요됨을 의미한다.

끝으로 민병태 교수는 국가의 발생과 발전에 관한 자신의 비전을 제시한다. 그에 의하면, ① "관습은 … 장기간에 성립한 사회체계라고 볼 수 있다." 그러나 국가의 출현은 이와 같은 관습적 지배의 이탈로부터 시작된다. ② 사회적 지배(social control)에서 국가를 분리케 한 최초의 기능은 전투라 할 수 있으며, 정치적 권력은 혈연적 기반에 서는 가족과 씨족(Clan)이 아닌 종족과 결부된다.[146] ③ 일단 성립된 정치권력은 대체로 3가지 광범한 형태를 거쳐 발전한다. 첫째는 복잡화되며, 둘째는 확대되며, 셋째는 분화된다. ④ 국가의 발달을 '인적'(personal)

지배에서 '제도적' (institutional) 지배에 이르는 과정으로 보는 견해가 있지만 제도란 언제나 권력의 방편에 지나지 않기 때문에 제도보다는 정치기능 자체를 기준으로 권력체의 발전을 설명해야 한다. "그러므로 우리는 정치권력의 발전을 다른 제 권력형태와 관련되어 변천하는 자기 권력의 분화와 강화 및 안정화의 과정이라고 "규정"한다(『정치학』, pp. 229-235).

(3) 다원주의적 시민정치론

민 교수의 민주정치론은 인민주권을 주장하는 루소—칼 슈미트가 강력하게 옹호하는 루소—에 대항하여 존 로크의 권력제한론을 옹호하는 데서 시작하며, 그것의 지향점은 "국가를 권력체제로 가정하여 여기에 관련되는" 치자 중심의 권력정치를 넘어(pp. 17, 26), "정치권력이 시민사회에 의존하게 되는 '프로세스'에 중점을 두는" 다원주의적 시민정치론에 있다. 다음에서 필자는 민병태 교수의 논리를 충실하게 요약하는 방식을 취할 것이다.

146 반면 진덕규 교수는 "고대국가[가] 이데올로기[또는 제의(祭儀)], 가치의 창출과 배분, 군사적 강제력 행사, 교린-종속의 대외관계라는 네 가지 요소를 바탕으로 시대상황에 따라 각기 다른 국가체제로 변하게 되었다"고 말한다. 여기서 진 교수는 정치권력의 발생을 가족적 권력과 종교적 권력의 확장으로 파악한다고 생각된다. 진덕규, 『한국 정치의 역사적 기원』, 앞의 책, p. 34.

민주주의는 서기전 5세기에 헤로도투스가 '다수인의 지배' 또는 '권리의 평등'이 유지되는 사회라고 정의한 이래로 적어도 그 형식적인 의미에서는 별다른 변화가 없었다. 그러나 다음과 같은 4가지 사실로 말미암아 현실가능한 이념으로 등장하게 되었다 : 첫째는 사회제도에 대한 합리주의적 해석이다. 즉 자연과학의 발전에 따른 과학적 태도는 철학에 있어 자연법의 발견을 촉진하였다. 둘째로 '메커니즘'의 발명에 따라 사회문제를 해결할 소지가 넓어졌으며, 그에 따라 구체적 제도와 기구를 통한 인간의 지배권이 확대되었다. 셋째로 산업혁명의 발전으로 새로 등장한 중산계급은 강화된 경제적 지위를 이용하여 정치적 권리를 요구하게 되었고, 점증하는 시민—투표권을 가짐에 따라—이 정치적 투쟁에 가담하게 되었다. 동시에 산업혁명은 임금노동자를 증대시켰으며, 그들은 계급의식과 조직의 강화를 통하여 정치사회에 대해 경제적 권리보장을 요구하게 되었다. 넷째로 '로멘티시즘'(Romanticism)을 들 수 있다. 이것은 현실사회를 분석하는 데는 유용하지 않았지만 사회의 이상적 질서를 강조함으로써 정치사회에 당위성(ought to be)을 제공하였다.

이러한 4조건을 반영하여 근대 민주주의도 4개의 원칙에서 추진되었다. 첫째 '자연권 이론'을 들 수 있다. 이것은 인간이 자연상태에서 누렸던 기본적 권리가 정치사회에서도 마땅히 실현되어야 한다는 것으로, 존 로크의 『시민정부론』(*Of civil Government*)은 이를 대변한다. 그는 자연상태의 완전한 자유가 '정치체'(body politic)에서 실현되기 위해서는 다수인이 행동의 권리를 누릴 수 있도록 정치체의 권력을 제한하여야 한다는 제한정부론을 주장하였다. 민 교수는 그 요지를 다음과 같이 정리한다 : "정치사회는 자연상태에 있어 불확실하[던]

든 개인의 기본권을 보장하기 위한 사회계약에 의하여 성립하였으며, 입법부의 지배 하에 있는 정부가 만일 개인의 기본권을 보장하지 않을 때는 시민은 여기에 항거할 권리를" 갖는다. "국가의 권력은 그 성립기반에 있어 제한적이며, 전체로서 공동사회를 대표하는 입법부가 자연법에 구속을 받는다." "몽테스키외의 권력분립론[147]이나 토마스 페인의 인권론도 결국은 개인의 자유를 위하여 권력을 제한하여야 한다는 로크의 이론을 부연하는 데 지나 않는다(『정치학』, p. 16). 이것은 '일반의사'에 절대복종을 주장하는 루소의 인민주권론과는 "대척적"(對蹠的)인 입장에 있다. 민 교수는 "본질적으로 이해가 달른[다른] 분열적 기반에 서[있]는 인간집단에 대해 선험적(a priori) '진의사'를 요구할 수는 없"으며, 또 루소의 "일반의사" 그 자체는 "정책을 어떻게 '일반의사'화하느냐의 문제를 해명한 것"은 아니라고 본다.

둘째 공리주의(Utilitarianism)를 들 수 있다. 벤담에 의하면, 한편으로 인간은 자리적(自利的)인 동물인 까닭에 입법자(planner)에 의한 통제가 필요하지만, 다른 한편으로는 좋은 제도의 존재를 가정할 경우, 인간은 국가의 간섭이 없어야 행복할 수 있다. 벤담은 후자의 입장에서 "최대다수의 최대행복"을 위하여 "각자는 하나로서 계산되어야 하며, 누구[도] 하나 이상으로서 계산되어서는 안 된다"는 일인일표제(one-man-one-vote)를 주장하고, 또 이것에 의해 최대다수의 이익촉진

147 민 교수는 몽테스키외의 문제점에 대해서도 비교적 상세히 검토하고 있다. 민병태, 『정치학』, 같은 책, pp. 250-254.

과 권리가 보장되는 민주주의를 제시하였다.

셋째는 아담 스미스로 대표되는 고전 경제학 이론을 들 수 있다. 그의 『국부론』(*Wealth of Nations*, 1776)은 사유재산의 자연적 경제원칙과 자유경쟁의 합리적 경제체계가 어떻게 자본주의 제도 하에서 운용(運用)될 것인지를 논한 것으로서, 이것은 19세기 전반기의 자유방임주의의 전범이 되었다. 그의 경제이론은 ① 자기 이익을 추구하며(self-seeking), 매매에 의하여 이윤을 획득함으로써 봉사하는 '자연적 경제인'(homo oekonomicus)과, ② 각 개인 간의 보편적 법칙과 불가변적 자기 노력의 유기적 원칙에 입각한 '자연적 경제질서'를 전제한다. 스미스가 말한 전제, 즉 '자연적 경제인'과 '자연적 경제질서'에 토대를 둔 산업사회의 현상은 바로 정부의 권한이 제한되는 정치적 민주주의와 완전히 부합된다.

넷째 영국 이상주의자들의 민주주의 이론을 들 수 있다. 이들은 개인주의적 민주주의가 인간에세 잠재하는 재능과 소질을 발휘케 한다는 점에서 그 효과를 인정한다. 다시 말하면, 인간은 지능, 자산 및 도덕에 있어서 불평등함에도 불구하고 다같이 평등한 투표권을 행사하는 것은 그의 소질 때문이 아니라, 선거권을 가짐으로써 각 개인에게 부여되는 자극과 기회로 인하여 그들이 전체 사회에 기여하기 때문이다.

그러나 농업이나 중소기업에 의존하는 사회에 적합한 민주주의가 현대의 대규모 산업사회에 그대로 적용될 수는 없다. 기술의 발달은 거대한 사회조직의 세력과 강력한 정부의 권한을 초래하였고, 현대적 무기와 거대조직을 지배하는 자는 방대한 권력을 행사하게 된다. 다른 한편, 민주적 정부는 피치자의 동의에 입각하여야 하며, 인민이 지배하는 정부는 그 활동범위가 제한될 것이 요청된다. 이것을 경제문제에 원용한다면, 국가로부터 분리되어(dissociate) 방해가 없는 '이니셔티브', 기업의 자유 및 계약의 자유가 최대한으로 보장되어야 한다. 따라서 개인은 어떤 사회권(社會圈) 또는 집단에 소속함으로써 각자의 이익을 보장하는 체제를 지향하도록 강요된다. 즉 "국가권력에서 개인의 자유를 보장하려면 개인이 분산적인 존재가 아니라 집단 또는 사회의 세력으로 결합될 때 비로소 이것이 가능한 것이다." 이런 점에서 "근대 민주주의 초기에 있어 민주주의가 개인주의와 동일시되었다는 것은 하나의 개념규정에 불과한 것이며, 구세력에 대립할 만큼 강력한 민주사회의 경제적 세력이 통합됨에 따라 이러한 체제가 성립"될 수 있었다(『정치학』, p. 16). 다른 한편, 계급독재를 주장하는 마르크스의 주장에 대해 민 교수는 "권력의 본질로 보아 이것은 생활 전체의 파괴를 각오하지 않으면 안" 되기 때문에 "소유자의 집단과 노동자의 집단이 상호 참여함으로써 산업이 관리되고 평등이 보장될" 다원적 민주주의를 제안한다.

민 교수에 의하면, 사회제도는 좋은 생활에 필요한 물질적 부를 공급하고 인간으로 하여금 창조적인 행동을 가능케 하는 충분한 영역을 가지게 한다는 두 가지 목적에 입각한다. 이런 맥락에서 현대 민주주의의 임무는 모든 시민이 사회가 인류행복을 지향하도록 조직화하는 데 참여하고 자유로운 창조적 행동을 실현하는 데에 있다. 그렇다면 각종의 집단적 요구 간에 나타나는 충돌을 어떻게 해결하여 이익의 균형을 가져올 것인가?

민주주의는 정치적 자유 또는 자유로운 정치를 말하는 동시에 이것은 토의에 의한 정치를 의미한다. 그러나 정치에는 자유와 반대되는 강제도 내포된다. 자유결사와 여기에 대한 강제가 서로 대립되었을 때 토론에 의하여 해결될 수밖에 없으며, 이런 의미에서 민 교수는 토론을 "불가피한 사실"이라고 말한다. 이러한 토론은 단순한 다수결에 의존할 것이 아니라, 각종 결사의 이익을 절실히 대표하고 또 이것을 알 수 있는 전문가의 위원회에 의한 토의를 경유케 하여 이것을 공개함으로써 타당한 해결책이 국민에게 알려진 연후에 궁극적 결정이 이루어져야 한다. 여기서 민 교수는 "민주주의의 진수[는] 정부를 포함한 제 결사 간의 이익—특히 경제적인 [이익]—을 토의에 의하여 결정하여 이것을 국가기능으로서 유효화하는 데 있다"고 주장한다.

여기서 민 교수는 민주주의에 있어서 토의의 기능에 대한 보다 확장된 논의를 다음과 같이 전개한다 : ① "민주주의에 있어 순순한 사회행위는 가치문제를 해결하기 위한 지각적(지각적) 의사를 교환하는 토의(discussion)를 말한다. 비인격적인(impersonal) 지식분야에서 전개되는 정치적 토의는 법률의 정당성 문제에 집중되며, 집단복적 또는 가치가 핵심을 차지"한다. "이러한 토의는 각 개인의 이해대립을 전제로 하는 의사 차이에서 비로소 제기될 수 있"다. "물론 정치적 토의 또는 비판은 의견 차이보다도 오히려 이해관계의 상충에서 기인한다고 볼 수 있으나 무엇이 옳은지에 관한 정당성 문제에서 버서[벗어]나서 토의의 의미를 찾아볼 수는 없[다]." ② "민주주의에 있서[있어] 비판은 나는 어떠한 것을 욕구한다는 전제에서 출발할 수 없으며, 또 이것은 토의를 불가능케 하는 것이다. 비판과 토의는 진리 자체를 포함하는 사실과 가치에 관한 타협적 해결에서 타당화되며 발전될 수 있"다. 반면 "맑시즘[마르크시즘]의 사회분석과 혁명론[은] 비판정신과 토의에 의한 문제해결과 배치됨은 명백하다. 그뿐만 아니라 현실 분석이 언제나 동일치 않는 한 같은 행동원칙을 결론할 수 없"다. "사회현실이 변동한다면 여기에 따라 상황파악이 달라[져]야 할 것이며, 따라서 여기에서 제기되는 가치판단도 달라[져]야 할 것이다. 물론 이것은 정치학자의 수만큼 주관적 의견의 난립을 초래하는 것이 아니라, 협동적 의견교환에 [의한] 집단적 결정이 가능[한 만큼] 민주주의에 있어서의 비판정신"과 토론의 "중요성을 강조하는 것이다"(『정치학』, pp. 80-81).

③ "공식적인 정치과정은 정치학 분야에 속[한] 것임은 더 말할 필요가 없으나 이것은 제2차적 성격밖에 가지지 않는다. 민주주의에 있어 진실한 사회행위는 명백히 조직화된 정치행위(behavior) 이외의 분야에서 전개된다. 그러므로 정치행위를 규정하는 정부형태의 주요한 차이는 여론을 형성케 하는 비공식적인 신비스러운 과정 또는 절차를 어떻게 지배하고 운영해 나가느냐 하는 원칙문제에 관련된다. 독재정치나 전체주의의 위험은 인민의 표면적인 행위를 직접 지배하는 점에 있[기]보다도, 이러한 자유로운 의견교환에 있어서의 비조직적이고 비공식적인 제 행위를 탄압하여 그 결과를 악화하는 데 있"다. "보통 시민이 수단으로서가 아니라 목적으로서 조직화되며, 모든 시민에게 영향을 끼치는 사항이 공개적 비판과 토의에 의하여 해결되는 민주사회는 결국 모든 개인의 도덕과 의지와 능력에 의존"한다(『정치학』, p. 81).

④ 민주정치에 있어 토론의 중요성은 정부행위를 감시할 시민의 의무와 직결된다. 이때 국가가 어느 정도로 이와 같은 시민의 권리를 인정하는가에 따라서 국가의 성질이 달라진다. 따라서 이러한 권리란 고정불변한 것이 아니라, 사회조건에 따르는 국가체제의 변천과 더불

어 그 내용을 달리한다. 그러나 권리는 홉스와 벤담이 말한 것과 같이 국가의 선물이 아니라, 시민이 '최선자아'를 실현하기 위하여 국가에 요구함으로써 승인된 것이다. 시민의 권리보장과 유지를 위하여는 사회적 타당성을 가져야 하며, 이것이 사회복지에 기여한다는 점에 있어 직접 각자의 직능수행과도 관련된다. 이러한 권리의 연대성은 그 보장에 대해서도 통용된다. 즉 타인의 권리침범은 말할 것도 없고, 타인이 불법한 침범을 당하였을 때 이것을 방임하는 것은 미구에 자기의 권리가 침범될 전조임을 알아야 한다.

⑤ 민 교수는 권리보장과 관련하여 "국가다원론의 권리보장에 관한 이론"에 대해서도 언급한다 : "구이론[고전적 자유주의 이론]은 개인의 권리와 국가의 주권을 대치시켰으나, 다원론자들은 개인의 권리를 집단에 통합시키는 동시에 국가를 다수의 집단 중의 한 집단으로 병립시킴으로써 국가와 기타 결사의 대치에서 권리보장을 논한다. 제 결사는 권리를 가지나 이것은 원래 국가의 창조물이 아니다. 국가와 [마찬가지로] 제 결사가 권리를 소유함은 사회생활에서 제기되는 사실이다. 물론 국가는 제 결사세력의 조종자로서 제 결사의 권리를 파기할 수 없[다]." 민 교수에 의하면 "이러한 [다원적] 이론—무정부주의에 타하지[빠지지] 않는 한—은 권리보장의 면에 있어 중대한 기여를 하였으며, 그뿐만 아니라 현대 입법과 행동에 있어 제 결사의 이익을 전문가의 참여에 의하여 조정케 하는 새로운 방안을 제시"하고 있다. 특히 민 교수는 다원주의의 관점에서 "의회는 '연방적 경제집단'의 다양적이고 분열적인 자리를 대표하는 동시에 각각 직능과 이익관계를 달리하는 전체 국민의 '공적 이익'을 도모하는 대의기관"임을 상기시키면서, 의원으로 선출된 "국민의 대표자는 언제나 다원

적이고 대립적일지라도 공을 위한 통합체로서 정책을 결정하여야만 정부의 기능을 유효화할 수 있다"고 강조한다.

⑥ 결론적으로 민주주의의 궁극적 목적을 고무하고 실현하는 데는 자유로운 판단, 자유로운 대표선출 및 여기에 상응하는 권력이 있어야 하며, 이것은 협의와 토의 없이는 불가능하다. 이 말은 민주주의가 그 실제 정치에 있어 필연적으로 타협에 의존함을 뜻하며, 또 이러한 "타협"이란—민 교수의 표현에 따르면—"악을 선으로 균형화하는 과정을 말한다. 여기에 정치학의 기본 원칙은 도덕적 원칙에 서게 되며, 존엄성, 의사대립 및 겸양의 배합은 합리적 토의에 의하여 문제해결의 방향을 마련하게 된다." 이런 점에서 민 교수는 "'꾸준히 점진적으로 생성된 … 문화에 의하여 확보된' 자유, 예컨대 언론, 사상, 출판 등의 자유가 현대 사회생활에, 특히 오늘날의 민주주의에 지대한 기여를 하고 있음을 잊어서는 안 된다"고 천명한다(『정치학』, pp. 97, 108).

5. 결론

민병태 교수의 『정치학』은 첫째, 정치세계에 대한 두 개의 대립적 시각을 그 배후에 깔고 있다. 하나는 슈미트가 대표하는 적과 동지 간의 전투적 권력투쟁과 이를 통한 결집과 통일의 정치세계이고, 다른 하나는 라스키가 대표하는 협의와 조정, 그리고 이를 매개로 연방적 다원성—메를로 퐁티의 용어를 빌려 말한다면 "횡적 연계성"(transversality)—을 형성해 가는 정치세계이다.

둘째, 민 교수는 라스키가 전개 · 발전시킨 "소유"(ownership)가 아닌 "협의"(partnership)로서의 다원적 민주정치의 세계를 지향했다. 민 교수에 의하면, 민주적 세계의 "진수"는 "정부를 포함하는 제 결사 간의 이익을 토의에 의해 결정"하고, 이것을 "국가기능으로 유효화" 함으로써 "시민의 '최선자아'를 실현하"는 데 목적이 있다.

셋째, 민 교수는 이러한 민주주의가 요청하는 현대 정치학의 방향이 무엇인지를 찾기 위해 평생토록 노력을 기울였다. 그 대표적인 예로서 "민 교수의 강의는 … 단 한 시간도 빼놓지 않은 것이 그 특징이었다."[148] 이정복 교수도 이를 다음과 같이 부연한다 :

> 공삼[민병태] 선생은 일생을 정치학 연구와 교육에 바친 학자다. 공삼보나 연상이거나 동년배로 서울대 정치학과에 재직했던 이선근, 신도성, 김성희, 이용희 교수 등과 그의 제자로 동과의 교수에 부임한 대부분의 교수들이 중도에 대학을 떠났으나 공삼만은 병마로 쓰러질 때까지 대학에 남아 있던 학자다.
>
> 공삼이 대학을 떠나지 않았던 것은 그의 천성으로부터 나온 것이었다. 선생은 학자가 정계로 들어가는 것은 외도이고 학문에만 정진해야

148 「서울대학교 정치 · 외교학과 동창회보」(2006년 6월 1일), p. 10. 이와 관련하여 H. J. Laski의 다음의 말을 다시 한 번 새겨본다 : "I conceive that a univerlsity has failed unless the professor builds his life round his students. Here [i.e., Harvard Univ.], he builds them round his lectures." *Holmes-Laski Letters*, *op. cit.*, vol. I, p. 231.

만 된다는 신념을 특별히 가지셨다기보다는 정계나 관계와는 성격상 도무지 맞지 않은 분이었다. 정치학을 일생 공부했지만 실제 정치와는 전혀 친화력을 가지지 못했다.

공삼은 상아탑 속의 정치학자였다. 오늘날에는 정치학 뿐만 아니라 학문 전체가 현실과 밀접한 관련을 갖고 실용화되고 있다. 현실과 직접적인 관련이 없는 학문은 무용지물로 취급하는 위험한 경향마저 나타나고 있다. 공삼은 한국의 정치현실에 크게 아랑곳하지 않고 그가 공부한 서양의 고전적 정치학을 후학들에게 가르쳤다.[149]

끝으로 필자는 민병태 교수의 다원적 세계관에서 빼놓을 수 없는 또 하나의 요소가 있다고 생각한다. 그것은 "겸손"이라는 미덕이다. 이것은 "어떻게 장구한 역사를 계승한 정치학이 일 개인에 의해 단번에 창조될 수 있겠는가?"라는 물음과 맞물려 있다. 이것은 민 교수의 『정치학』의 도처에서 언급되는 "다각적 접근"의 필요성과 "조정"의 중요성을 강조하는 대목에서도 느낄 수 있는 비가시적이고 숨어 있는(implicit) "태도"이며 "성향"이다. 민 교수는 이렇게 말한다 :

> '문명' 을 구제할 것을 임무로 하는 정치학이 일개의 천재에 의하여 창조될 것을 기대할 수는 없는 것이다(『정치학』, p. 19).

149 이정복, "한국 정치학의 스승 공삼 민병태", 앞의 글.

라스키(Harold J. Laski, 1893. 6-1950. 3)의 정치이론

김세균(서울대학교 교수)

다양한 그의 주장이 지닌 형식적 모순들에 주목하지 말고,
그 사람의 영혼에 생명을 불어넣고 있는 것을 발견하도록 노력하라.
라스키가 루소를 공부하는 학생들에게 한 조언

1893년 6월 30일 영국 맨체스터에서 태어나 1950년 3월 24일 56세의 일기로 사망한 해롤드 조시프 라스키(Harold Joseph Laski)는 20세기 전반기에 활동한 빼어난 정치학자이자 시대가 제기하는 제반 문제에 대해 진지하게 대결한 실천적 지식인이다.

그는 맨체스터의 그래머 스쿨을 거쳐 옥스퍼드 대학교 뉴 칼리지에서 수학했으며, 21세이던 1914년 6월 동 대학을 수석으로 졸업했다. 졸업 후 그는 데일리 헤럴드(Daily Herald)에서 잠시 기자생활을 하다가 1914년 9월부터 캐나다 몬트리올에 있는 맥길 대학교(MaGill

University)의 역사학 전임강사로 강의했다. 이후 미국으로 건너가 1916년 1월부터 1920년 여름까지 근 4년간 미국의 하버드 대학교에서 교직생활을 했으며, 1919년부터 1920년까지 예일 대학에서도 강의했다. 이어 영국으로 다시 돌아와 런던경제정치대학교(London School of Economics and Political Science : 약칭 LSE)[1] 전임강사로 강의하다가 6년 후인 1926년부터 사망할 때까지 동 대학교 정치학 교수로 봉직했다.

그는 많은 저서를 쓴 학자이자 탁월한 교육자로서 동 시대의 학자들 및 학생들에게 많은 영향을 미쳤다. 『정치학 범전(範典)』(Laski, 1925a : 이하 『범전』으로 표기)[2]을 비롯한 그의 저서들은 여러 외국어로 번역되었다. 특히 『범전』은 동 시대인들로부터 가장 수준 높은 이론적 저작이라는 평가를 들었으며, 뉴딜 시대에는 미국의 거의 모든 대

---

1 이 대학교는 일반적으로 런던경제대학교(London School of Economics)로 알려져 있는데, 여기서는 강신택 교수의 지적을 받아들인 김학준 선생의 견해에 따라 런던경제정치대학교로 표기했다(김학준, 2007, 9쪽 참조).

2 이 책은 그에게 커다란 성공을 안겨준 책으로 1938년까지 4판이 나왔으며, 미국 예일 대학교 출판부를 통해서도 세 차례에 걸쳐 출판되었다. 그리고 이 책의 1938년판에는 "국가론의 위기(The Crisis in the Theory of State)"라는 장이 서장으로 추가되었다. 이 책은 1931년 Allen & Unwin 출판사에서 『정치학입문』(Laski, 1931a)이라는 제목으로 그 요약본이 출판되기도 했으며—미국에서는 1934년 J. P. Lipincott사에서 『정치학』(Laski, 1934a)이라는 제목으로 출판되었다—, 이 책 역시 중판을 거듭했다. 출판된 후 이 책은 영국의 거의 모든 대학교에서 정치학 교과서들 가운데 하나로 채택되었으며, 그가 1926년에 왈라스의 후임으로 교수로 승진하도록 만들어 주었다(김학준, 2007, 23쪽 참조). 이 책은 한국에서 민병태 교수에 의해 『정치학 강요(綱要)』라는 제목으로 출판되었다. 이 책은 원래 단권이지만 한국에서는 상하 양권으로 역간되었는데, 상권은 1954년 문연사에서, 하권은 1957년 민중서관에서 출판했다(김학준, 2007, 23쪽 참조).

학에서 광범위한 논쟁의 대상이 되었다.

그런데 그는 평생 자유주의적 관점을 견지했지만 대학에 들어오기 전에 이미 사회문제와 사회주의에 관심을 가졌으며, 옥스퍼드 대학교 재학 시절에는 이런 경향이 강화되어 페비언협회에 가입하고 부인참정권 운동에 참가했다. 그리고 미국에서 영국으로 돌아온 후 그는 곧 노동당에 가입했고, 1922년부터 1936년까지 페비언협회 집행위원회 위원으로, 그리고 1936년부터는 영국 노동당 전국 집행위원회 위원으로 활동하면서 영국 노동당의 정책형성에 커다란 영향을 미쳤다. 1930년 초 이후부터 당내 좌파의 이론가로서 당내 좌파조직인 사회주의자 연맹(The Socialist League)의 창설에 주도적 역할을 맡았고, 1936년 빅토르 곤란츠(Victor Gollancz)와 존 스트레이치(John Strachey) 등과 함께 좌파서적 클럽(Left Book Club)을 조직해 사회주의적 이념을 전파하고 영국에서의 파시즘의 부흥에 대항하는 운동을 전개하기도 했으며, 우익적 당 지도부에 대한 강력한 비판자로서 활동했다. 1945년부터 1946년까지 영국 노동당 당수직을 맡기도 했다.

라스키는 동 시대의 지도적인 정치인들의 친근한 벗으로서 모국인 영국에서만이 아니라 미국과 유럽대륙 및 인도에도 많은 영향을 미쳤다. 그는 루즈벨트와도 사적으로 알고 지냈고, 네루, 간디와도 친교를 맺었다. 한 저명한 인도 정치인이 '라스키 교수의 혼령' 을 위해 내각의 모든 회의의 자리 한 석을 항상 비워두었다고 언급할 정도로 인도에도 많은 영향을 미쳤는데(Newman, 1993, x) 그가 1920년부터 봉직한 LSE가 인도에서 최고 명문으로 명성을 누린 것은 그의 덕택이었다. 이런 점들에 비춰볼 때, 그가 사망했을 때 한 역사학자가 1920년대에서 1950년대의 시기는 '라스키의 시대' 라고 부른 것(Beloff, 1950)

은 과장이 아니었다.

그러나 라스키가 사망한 후 당시 조성된 냉전 분위기로 인해 그의 이름은 영국에서도 순식간에 잊히게 되고, 이후 '반공'이라는 잣대로 그의 이론을 평가하거나 그의 이론적 업적을 전혀 인정치 않는 저서들(예를 들어 Deane, 1955 등)이 출판되기도 했다. 그러나 1970년에 들어와 그의 이론을 재조명하는 여러 시도들이 나타났다. 특히 1993년에 출판된 뉴만(Newman)의 저술(Newman, 1993)은 라스키 연구의 새 장을 연 것으로 평가받는다. 한국에서는 민병태 교수에 의해 그의 이론이 처음 소개되었고, 이극찬의 연구(이극찬, 1970 ; 이극찬, 1977)[3]와 김원홍의 연구(김원홍, 2006) 등은 그의 이론발전 과정 전체를 소개한 저서로서 의의를 지닌다.

라스키가 산 20세기의 전반기는 한편으로 자본주의적 시장경제 체제의 모순들이 폭발해 내부적으로는 계급갈등이 격화하고, 외부적으로는 서구열강들의 제국주의적 팽창정책을 추구하는 가운데 이들 열강들 간의 대립이 격화됨으로 인해 2차례에 걸쳐 세계대전이 발발했다. 1917년에는 러시아에서 인류역사상 최초의 프롤레타리아 혁명이라 부를 수 있는 볼셰비키 혁명이 성공했다. 이 점에서 그가 산 20세기 전반부는 그의 말대로 '전쟁과 혁명'의 시대로 부를 만한 격동에

3 특히 라스키 정치사상을 종합적으로 소개하고 그의 사상을 높게 평가한 이극찬의 『권력과 자유 : 헤롤드 J. 라스키의 사상』(1977)은 '한국적 민주주의'를 내세운 서슬 푸른 유신체제 하에서 출간된 책이라는 점에서 커다란 의의를 지닌다.

찬 시대였다. 또한 거의 모든 서구 국가에서 형식적-절차적 민주주의가 일정하게 진척되는 가운데에서도 실질적으로는 민주주의를 후퇴시키는 국가체제의 권위주의화가 진척되었다. 거기서 더 나아가 독일 등지에서는 민주주의를 뿌리채 위협하는 파시즘 체제가 수립되기도 했다. 라스키는 인류역사상 유례없는 위기에 처한, 자신이 산 시대의 제반 문제들을 회피함이 없이 온 몸으로 끌어안아 정열적으로 대결하면서 이론적-실천적으로 그런 문제들에 대한 최선의 해결책을 찾고자 한 보기 드문 정치학자이자 실천적 지식인이었다.[4]

그런데 제반 시대적 문제들과 대결하는 과정에서 드러나는 그의 이론적-사상적 변화과정의 궤적은 크게 보아 아래와 같다.

1) **초기** : 자유주의 입장에서 사회주의와 마르크스주의의 문제의식을 도입한 시기.

2) **중기** : 마르크스주의에 접근하고 마르크스주의의 입장에서 자유주의적 관점을 포괄하려고 한 시기.

3) **후기** : 민주적 사회주의의 입장에서 자유주의와 마르크스주의의 종합을 시도한 시기.(김학준, 2007, 3-39쪽 ; 이극찬, 1977, 66쪽 이하 ;

4 국내에서도 그의 이론과 실천을 높이 평가한 사람들은 그를 "20세기 전반기를 꼬박 살고 간 세계적인 위대한 정치학자인 동시에 정치사상가이며 정치실천가"(이극찬, 1977, 3쪽), "현실정치에 대한 진지한 접근, 자유에 대한 불타는 정열과 신념, 파시즘을 비롯한 모든 전제와 독재에 대한 프로메테우스적 저항정신, 서구 민주주의와 민주주의 기구에 대한 예리한 분석과 비판"으로 특징지워지는 "20세기의 가장 뛰어난 정치학자이자 민주사회주의의 이론적-실천적 지도자 중의 한 사람"(이상두, 1975, 239쪽)으로 평가한다.

이상두, 1975 등 참조)

이 글에서는 이러한 그의 이론적-사상적 변화과정의 궤적을 추적하는 선상에서 그의 정치이론, 특히 그가 후기에 행한 자유주의와 마르크스주의의 종합 시도가 지닌 현대적 의의가 무엇인가를 구명해 보려고 한다.

1. 라스키 정치이론의 전개과정

(1) 제1기 : 자유주의의 입장에서 사회주의와 마르크스주의의 문제의식을 도입한 시기 (1914년부터 맥도널드 내각이 무너진 1931년까지)

이 시기는 라스키의 정치이론 '정치적 다원주의' 단계 내지 '다원주의적 국가론 및 그 수정의 단계'로 불리기도 한다. 이 기간 중 그가 북미대륙에 머문 1914년부터 1920년까지의 주요 저작으로는 1916년 1월부터 1920년 여름까지 근 4년간 미국의 하버드 대학교에서 교직생활을 하는 동안 집필한, 그의 '주권론 3부작'으로 불리는 『주권문제 연구』(Laski, 1917), 『현대 국가에 있어서의 권위』(Laski, 1919)와 『주권의 기초들, 그리고 다른 논문들』(Laski, 1921)[5] 및 『로크로부터 벤담까지의 영국에 있어서의 정치사상』(Laski, 1920) 등이 있고, 이후의 주요 저작으로는 『범전』(1925) 등이 있다. 그리고 1914년부터 『주권문제 연구』를 집필한 1917년 중엽까지는 그의 '초기 다원주의' 단계로, 그 이후는 초기 다원주의의 수정단계로 부를 수 있다.

가. 1914-1917년

그는 자유주의와 개인주의 및 정치적 다원주의의 열렬한 옹호자로서 본격적인 저술활동에 나섰다. 그런데 제1차 세계대전 이전 그린(Green), 보상켓(Bosanquet), 브래들리(Bradly) 등의 신헤겔주의적 이상론이 옥스퍼드 정치사상에 커다란 영향을 미치고 있었다. 국가의 '적극적' 역할을 인정하거나 국가이성을 강조한 이들의 이론은 한편으로는 자유방임주의의 문제점이 본격적으로 드러나기 시작한 것을 배경으로, 다른 한편으로는 19세기 후반에 이르러 경제와 사회영역에 대한 국가의 개입이 실질적으로 증대하고 있었던 조건 속에서 형성된 것이다. 라스키는 다원주의를 옹호한 미틀랜드(Maitland)와 피기스(Figgis)로부터 많은 영향을 받는 가운데 정치적 다원주의의 강력한 옹호자로서 나서게 된다.

그는 국가, 민족, 계급과 같은 초개인적인 것이 아니라 개인의 자아실현이 최고의 가치라는 윤리적 개인주의자의 입장에서 19세기의 고전적 자유주의자들에 결코 못지 않을 정도로 개인의 양심과 개인적

5 이 책은 라스키가 영국으로 돌아간 뒤 출판됐으나 이 책을 구성하는 논문들은 그가 하버드 시절에 발표한 것들이다(김학준, 2007, 19쪽 참조).

인격의 독자성을, 그리고 자유, 관용, 시민사회의 자율성, 토의, 입헌주의 및 민주주의를 옹호하면서(Newman, 1993 ; Hirst, 1989 ; Zylstra, 1968) 그가 '일원론적 국가론'으로 부른 루소와 헤겔류의 모든 국가중심주의와 국가지상주의 내지 개인과 자아실현을 우위에 놓지 않는 모든 국가관을 비판한다.

이와 더불어 그는 정치적 다원주의의 문제를 "점차 거대화되어 가고 있는 현대적 국가권력 하에서 개인의 자유를 어떻게 옹호하며 확장시킬 수 있을 것인가?"(이극찬, 1977, 66쪽)라는 관점을 제기한다. 국가로의 권력집중과 국가의 권위주의화가 진척되는 조건 속에서 개인의 자유문제를 정치적 다원주의의 입장에서 해결하려고 시도하고 있는 것이다. 그에 의하면, 클럽이나 교회 및 노동조합과 같은 결사체들은 사회생활에 생명력을 불어넣으며, 개인적 인격들이 표현되는 통로를 제공한다. 그러므로 다른 사회단체들에 대한 국가의 우위성을 주장할 근거가 없으며, 개인들이 결사체에 소속해 있다면 국가에 대한 충성이 그 개인의 교회나 노조에 대한 충성을 우월하다고 가정할 하등의 이유가 없다. 국가는 오직 '정당한 행위'에 근거해야 하고, '일반적 동의를 획득할 충분한 지혜'를 소지하는 것을 통해 지지를 획득해야 한다. 이런 관점에서 그는 국가에 대한 이상주의적 견해는 물론 주권적이거나 '일원론적인' 국가를 옹호하는 모든 이론들 및 국가를 사회의 다른 집단들이나 개인들보다 우위에 놓는 모든 이론들을 비판한다. 그가 보기에 최고의 정치적 가치는 자유, 다양성 및 정의의 추구이며, 이 가치는 한편으로는 개인들의 결사체 활동에 의해, 다른 한편으로는 '비주권적' 국가에 의해 확보될 수 있는 것이다.

그런데 라스키는 이미 길드 사회주의의 영향을 받아 정치적으로는 이미 좌파가 되어 있었다. 그러나 그는 국가 옹호를 노동조합에 대한 헌신보다 우선시해야 한다는 주장에 찬성하지 않았다. 이와 관련하여 어떤 이들은 라스키가 처음부터 다원주의의 이름으로 사회주의적-상디칼리즘적 이론을 옹호했다고 평하기도 한다(Elliot, 1928, p. 150). 그러나 이 시기에 그의 주된 관심은 모든 영역에 걸쳐 증대하고 있는 국가권력의 자유에 대한 잠재적 위협을 어떻게 대처할 것인가라는 점에 있었고, 그의 노동조합에 대한 관심 역시 이러한 관심 내에서 이뤄진 것이지, 그것을 능가하는 것이 아니었다(Newman, 1993, p. 42 참조). 나아가 그는 자신이 주권의 문제에 대해 저술한 주된 동기 중의 하나가 '전쟁의 뿌리'를 구명해 보려고 한 데에 있다고 밝히고 있는데,[6] 이 시기에 그는 전쟁이 권력을 증대시키려는 주권국가의 활동 자체가 만들어내는 것으로 파악한다(Laski, 1917, pp. 273-4).

나. 1917-1920년

라스키는 이미 대학시절부터 계급불평등과 노자(勞資) 대립의 중요성을 인식하고 있었지만 1917년 이전에는 이 점을 자신의 분석 속에 포함시키지 못했다. 그러나 1917년의 볼셰비키 혁명과 전쟁 후반

---

6 그의 맨체스터 글래머의 클래스메이트의 3분의 1이 제1차 세계대전 중에 사망한 것은 그로 하여금 전쟁 문제에 깊은 관심을 갖도록 한 주요원인이 되었다(Newman, 1993, p. 43 참조).

기에 증대하기 시작한 계급갈등을 목격하면서 그의 노동자 운동에 대한 관심이 재활성화되는데, 이에 따라 그의 정치이론은 1917년 이후 일정한 변화를 겪게 된다. 여기서 그는 국가의 강화를 통해 노동자계급의 고통을 완화하려 한 페비언 등의 개량적 사회주의자들이나 자본주의 국가의 분쇄를 주장한 마르크스주의자들과는 달리 다원주의가 계급불평등과 계급갈등의 이슈들을 해결하는 데 도움을 줄 것이라고 주장한다. 다원주의의 전망을 넓혀 다원주의를 노동운동에 대한 자신의 증대하는 관심과 조화시키려고 시도한 것이다. 이 새로운 입장의 가장 중요한 진술로는 1917-1918년 겨울에 작성한 두 개의 글이 있는다. 최초의 글은 영국의 사례를 집중적으로 분석한 「행정영역의 문제」(Laski, 1918)[7]이고, 두 번째의 것은 자신의 논지를 발전된 자본주의적 민주국가에 보편적으로 적용시키려고 한 보다 이론적이고 철학적인 저서인 『근대국가에 있어서의 권위』(Laski, 1919)이다.

목표로 삼아야 하는 것은 "자유의 보호책인 결사체들의 균형"이며, 개인의 창조적 활동들이 충분히 발현되기 위해선 다양성과 탈집중화가 필요하다(Laski, 1918, p. 86). 그러나 노동자들은 육체노동으로 찌들고 빈곤과 무지상태에 놓이도록 강제되어 노자 사이에 어떤 영원한 조화도 기대할 수 없게 되고, 노동자는 정치적 시민권을 누리지

7 이 글은 원래 그가 1918년 초 스미스 대학에서 행한 3개의 강연을 묶은 것인데, *The Foundation of Sovereignty, and other Essays* (Harcourt, Brace and Co, 1922 ; Allen & Unwinn, 1922)에 들어 있다.

못하고 있다. 또 정치적 민주주의가 노동자의 조건들을 개선하지 못하고 있다. 이로 인해 국가가 '공동체의 대표'로서 기능하지 못하고 있으며(Ibid., p. 70), 국가가 "경제권력의 키를 쥐고 있는 자들의 견해와 목적들에 심대하게 영향을 받음으로" 말미암아(Laski, 1919, p. 38) 더 이상 그들의 근본적인 이익을 침해하지 못하고 있다(Laski, 1918, p. 76).

이런 사회적 불평등을 해소하기 위해 이제 그는 국가가 더 많은 개입주의적 역할을 수행해야 하고, 산업민주주의를 촉진하기 위해 노동과 자본 모두가 참여하는 생산자들의 연방평의회와 같은 기구를 개별 사업장에서는 물론 지역 및 전국 수준에 창설해 이 기구가 의회의 법적 주권과 구분되는 경제적 주권기구로 기능토록 하는 것이 필요하다고 제안한다(Laski, 1918, pp. 70f.). 이런 그의 견해는 많은 면에서 상디칼리즘적 견해를 공유하는 것이다. 그러나 그는 산업평의회의 역할을 제한해야 하고, 의회적 · 법적, 정부차원의 통제가 필요하며, 국가가 공동체 전체의 필요를 대변해야 한다는 입장을 취한다(Laski, 1919, pp. 99f.).

그런데 문제는 그가 보다 적극적이고 개입주의적인 국가 개념을 도입하면서도 어떻게 다원주의를 계속 주장하고 있는가이다. 그것은 자유 보장과 연방주의 등과 더불어 '최소한의 평등' 보장을 국가의 목표로 포함시키는 것을 통해서이다. 최소 수준의 물질적-교육적 기준들의 규정 내지 최소한의 평등 보장은 다원주의의 핵심적인 목표인 참여의 전제조건으로서 의의를 지닌다. 그러나 그 외의 부분에서는 국가권력을 강화하기보다는 분할하는 것이 필요하다. 이는 오늘날 특정계급을 위해 국가권력이 집중화되어 있지만, 권력분할은 인민 및 노동자들의 계급권력을 강화하는 데에 기여하고 더 많은 다원주의를 가능케 할 것이다. 나아가 그는 산업국유화가 기본적인 소유문제의 해결에 도움을 줄 것이라는 점을 인정한다. 그러나 경제에 대한 집중화된 국가관리는 그 이전의 어떤 권력보다 강한 관료권력의 강화를 가져올 것이라는 점에서 반대하면서(Laski, 1919, p. 95) 산업민주주의의 실현과 결정과정에의 노동자 참여가 필요하다고 주장한다(Laski, 1918, p. 76, 82, 99). 그런데 이런 그의 입장은 길드 사회주의와 상디칼리즘의 그것과 유사한 것이다. 그러나 동시에 그는 생산자 집단과 노조의 조직 이기주의를 걱정, 모든 형태의 권위를 부정하는 아나키즘이나 생산자들의 이익만을 우선시하는 상디칼리즘에 선을 긋는다(Laski, 1919, p. 88).

이 시기의 이런 그의 작업은 크게 보아 기존의 다원주의를 수정하려는 시도로 평가될 수 있을 것이다. 그리고 이 시기에 이르러 그는 자신을 마르크스주의적 의미의 사회주의자와는 구분되지만 사회주의자로 자처하기 시작한다. 그의 사회주의로의 이동은 볼셰비키 혁명과 더욱 전투적으로 되고 있었던 노동자 운동을 목격하는 과정에서 계급불평등의 문제를 진지하게 고민한 결과이다. 그런데 보스턴 경찰파업을 지지한 것과 같은 노동자 운동에 대한 그의 연대는 볼셰비키 혁명 이후 '빨갱이 잡기'와 '반좌파 히스테리'가 극성을 부리고 그 연장선상에서 언론과 학문의 자유라는 자유주의적 가치들이 심대하게 훼손되고 있었던 미국의 분위기 속에서 그에게 커다란 고초를 안겨주었다. 이로 인해 그는 1920년 보수주의자들의 공격으로 큰 상처를 입은 채 영국으로 돌아오게 된다.

다. 1920-1925년

미국에서의 비통한 경험과는 달리 영국으로 돌아온 그는 LSE에서 직장을 얻고 이론가로서의 명성에 힘입어 타대학에서도 강의하는 가운데 직업적으로나 가정적으로 안정된 조건 속에서 정치학 연구에 몰두하게 된다. 그리고 1925년에는 그의 명성을 널리 알리고 그의 비판자들조차 높이 평가한 『범전』에서 절정에 달한 일련의 저작들을 발표한다. 동시에 그는 많은 지식인들과 교제했으며, 1920년에 노동당에 가입하고 1922년 페비언협회 집행위원회 위원으로 활동하는 등 사회활동과 정치활동에도 적극 참여하게 된다.

그런데 이 시기에 오면 이전과는 달리 그는 정당에 많은 관심을 표명하고 자신도 정당운동에 적극 참여한다. 또 1921년 4월 광산노동자의 파업으로 절정에 오른 노동자계급의 '직접행동' 과 관련, 직접행동보다는 의회를 통한 해결을 지지하는 태도를 보인다. 이 시기에 그는 마르크스주의에 대해서도 깊은 관심을 보인다. 그러나 마르크스주의에 대한 이 시기의 그의 태도는 지극히 부정적이었다. 그는 마르크스주의를 증오에 바탕을 둔 '불가능한 절망의 복음서' 로 평하고, 레닌과 무솔리니 양자 모두 이성의 길을 포기했다는 이유를 들어 양인을 동격으로 놓고 비판한다. 그리고 혁명에 대한 답변은 평화적 방식으로 근본적 변혁을 가져오는 데 있고, 또 이 길만이 노동자계급이 폭력에 호소하는 것을 막는 길이라는 점을 강조한다(Laski, 1922, p. 43 ; Laski, 1923, p. 44). 나아가 볼셰비키 혁명에 대해서는 그 대가가 너무나 컸고, 그것이 원래 달성하고자 하는 목표를 달성하기 어렵다는 이유로 부정적인 평가를 내린다(Laski, 1920). 이 시기에 그는 코엘(G. D. H. Cole)류의 길드 사회주의에 비판적으로 되면서(1924, p. 669) 그 이전보다 더 사회주의에 대한 페비언적 견해에 경도한다. 그 결과 그는 '탈집중화된 산업민주주의'를 지지한 이전의 견해를 버리고 의회정당을 통해 노동자계급이 국가권력을 획득해야 할 필요성을 제기하며, 국유화(nationalization)가 사회주의적 전략의 핵심적 구성요소여야 한다는 국가주의적 접근을 지지한다. '국가로부터의 자유'가 아니라 '국가 속에서의 자유'를 목표로 제시하고 있는 것이다. 이와 더불어 적어도 1922년 이후 그는 사회의 근본적인 재구성이 필요하다는 점을 인정하면서도 적어도 영국에서는 평화적 · 입헌적 수단을 통한 점진적 변화가 가능하다는 입장을 취한다. 그런데 '사회주의적 원리들에 의해 활성화된 새로운 자유주의' (Newman, 1993, 72쪽)로 부를 수 있는 이러한 변화된 자신의 입장을 총정리하고 독자들로 하여금 민수적 사회주의로 정향하도록 만드는 것을 목표로 저술한 저서가 1925년의 『범전』이다.

라. 『정치학 범전』

위에서 지적한 것처럼 라스키의 사고는 1920년대 중반 커다란 변화를 겪었다. 그 변화의 하나는 한편으로는 밑으로부터의 참여와 창의력을 강조하고 권력집중에 반대하는 것을 통해 이전의 다원주의 입장을 견지하면서도 다원주의에 대한 자신의 관점을 수정하여 계급 불평등 문제에 대처하는 국가의 적극적인 역할을 강조한 것이다. 다른 하나는 정치적 다원주의에 입각하여 페비언 사회주의로 대표되는 진화적 사회주의를 적극 옹호한 것이다. 『범전』의 핵심적 메시지는 바로 이런 점들이다.

이 책에서 그는 그의 자유주의적 · 다원주의적 입장의 목표를 재확인하면서 저술의 목표가 인민이 자기 자신의 활동을 통해 자신을 실현할 수 있는 상태를 만들어내는 데에 있음을 밝히고 있다. 그에 의하면 권력이란 "그 권위가 긴급한 비판에 의해, 그리고 필요할 때에는 저항에 의해 항상 점검되지 않는 한"(Laski, 1925a, p. 281 : 여기서 인용되는 페이지는 모두 1938년판의 페이지임) 그것을 행사하는 이들에게 유해하다. 그런데 그렇게 되지 않도록 하는 방책이 곧 탈집중화와 시민참여이다(Laski, 1925a, pp. 170-2). 각자는 다양한 이익, 목표 및 충성의 대상을 지니며, 국가는 어떤 경우에도 '제국적'으로 되어서도, 개인의 의지를 종속시키는 단위가 되어서도 안 된다. 국가는 자신에 대한 시민의 충성을 (노동조합이나 교회 등에 대한) 다른 충성들을 배제해서가 아니라, "어떤 변화도 신민들에게 부과된 것이 아니라 그들의 경험으로부터 성장해 나온 것"이라는 점을 입증하는 것을 통해 확보해야 한다. 또 그러기 위해서는 결정에 도달하기 전에 정부 수준에서는 물론 지역과 산업 수준에서 가능한 많은 사람들과 결사체들이 참여할 수 있는 영구적이고 지속적인 토의 기구들이 필요하다(Laski, 1925a, p. 268).

이처럼 그는 이 책에서 시민적 참여의 활성화라는 그의 다원주의적 목표를 재확인하고 국가주권이라는 관념에 부정적 평가를 내린다. 동시에 국가의 목표는 모든 시민들이 자신의 '최고의 자아'를 실현할 수 있는 조건들을 제공하는 데에 있고, 목표달성의 적합성은 국가가 어느 정도까지 인민의 권리들을 보장하는가에 의해 판단되어야 한다고 주장한다. 그러나 동시에 그는 권리는 의무를 동반하며, 거기서 더 나아가 사적 영역은 불충분하고 '최고의 자아' 실현은 사회적 요소들을 포함한다고 주장한다. 시민은 일할 권리를 지닌다. 그러나 인간 개성의 완전한 실현은 생존수단들에 대한 접근을 보장함이 없이는 불가능하다. 때문에 사회는 그것을 가능케 하는 기회를 제공해야 한다. 일할 권리는 동시에 적합한 임금을 받을 권리, 사유의 시간을 가질 수 있는 한계 내에서 일할 수 있는 적절한 노동시간을 보장받을 권리 등을 포함해야 한다. 나아가 모든 시민은 시민적 소양을 쌓을 수 있는 교육의 권리, 참정권과 같은 정치적 권리와 표현의 자유에 대한 권리 등도 누려야 한다. 그런데 여기서 열거하는 권리들은 대부분 규범적인 자유주의적 카탈로그에 속한다. 그렇지만 이 책의 두드러진 특징은 그 논의를 직접적으로 현실비판으로 연결시켜 당시 노동자 대중이 처하고 있는 곤경과 무권리 상태 및 부의 불평등이 다수에게 자유를 불가능하게 하고 있는 현실을 통렬하게 비판하고 있는 데에 있다.

라스키는 자유에 대한 그간의 논의가 평등을 무시하고 있는 데에 대해 비판한다. 그러나 자유는 평등을 보장해야 하며, 사회의 어느 누구도 타인의 권리들을 침해하거나 사회에 부당한 압력을 가할 정도로 경제적 특권을 누려서는 안 된다(Laski, 1925a, p. 154-61). 그리고 이런 주장의 연장선상에서 그는 자유가 평등을 아울러 보장할 수 있는 제반 사회주의적 목표들을 제시하는 한편 국가는 "다수인에게 가능한 최대 범위에서 사회적 선을 실현할 수 있게 하는 조직"(Laski, 1925a, p. 25)이 되어야 하고, 또 이를 위해 사회에 적극 개입해야 한다고 주장한다. 그런데 『범전』에서 펼치고 있는 이런 그의 주장은 크게 보아 '민주적 사회주의에 대한 도덕적 · 자유주의적인 옹호'로 규정될 수 있을 것이다. 그의 주장의 이런 성격은 예를 들어 현 상태를 그대로 유지하는 것은 노동자계급이 더 이상 용납하지 않을 것이기 때문에 불가능하지만, 노동자들이 혁명에 나서는 것을 막기 위해서는 '이성의 논리' 에 입각하여 필요한 변화를 만들어야 하며, 이성이 결국 승리할 것이라고(Laski, 1925a, p. 507) 예언자적 결론을 내리고 있는 점에서도 드러난다.

마. 『범전』 집필 이후부터 1930년까지

『범전』 출판 이후 1930년 이전까지는 1930년에 이뤄진 그의 정치이론의 또 하나의 중대한 변화를 준비한 시기로서 의미를 지닌다. 『범전』을 쓸 당시 그는 영국 정치의 미래에 대해 낙관적인 견해를 지니고 있었다. 그러나 책 출판 이후 몇 년 지나지 않아 그는 영국 사회에 검은 구름이 밀려오고 있다고 느낀다. 이에 따라 그의 견해 역시 점차 비관론으로 빠져들기 시작한다. 이 시기에 그의 사고에 가장 큰 영향을 준 것은 1926년 5월의 영국 노동자들의 총파업 투쟁과 그 투쟁의 가혹한 결과였다. 이 사건을 계기로 그는 입헌적 수단을 통한 평화적 개혁을 지지했지만 그런 개혁에 대해 갈수록 비관적으로 되며, 선출된 정부가 과연 자본가의 근본적인 이익에 제한을 가할 수 있는지에 대해 의심하게 된다. 나아가 이런 비관적 전망은 1931년 영국 노동당의 붕괴에 의해 더욱 깊어진다.

이와 더불어 그는 마르크스주의에 대한 관심을 증대시킨다. 이때 그는 여전히 마르크스주의를 거부하면서도 자본주의적 민주주의의 현실에 대한 마르크스주의의 설명력을 갈수록 높게 평가하게 된다.

그가 볼 때 잉여가치론은 잘못이고, 마르크스의 역사해석은 비경제적 요소들의 중요성을 무시하는 잘못을 범하고 있다. 게다가 마르크스주의는 '폭력의 교의' 이다. 그러나 혁명은 성공하기 어렵고, 설령 성공할지라도 그 대가는 너무 크며, 단지 독재자의 이익에 봉사하는 독재를 가져오는 것으로 귀결될 것이다(Laski, 1928, pp. 27-8). 그러나 마르크스주의에 대한 부정적인 평가에도 불구하고 그는 이제 마르크스주의를 '불가능한 절망의 복음서' 로 본 이전과는 달리 '영감을 주는 진리들' 을 포함하고 있다고 평가한다. 마르크스주의는 비록 그 이론적 측면들이 잘못되거나 환원주의적이지만, 역사과정과 자본주의 사회의 성격에 대한 통찰력을 부여한다는 점에서 일정한 진리를 보유하고 있다. 게다가 대중이 경제적 억압에서 벗어나지 못하고 지배층이 정의와 관용의 정신을 갖지 못하면 마르크스주의는 대중의 절박한 신조가 될 가능성이 높다. 그러므로 그 진리는 필연적인 것이라기보다 우연적인 것인데, 이 우연적 진리는 평화적 변혁의 성취를 통해서만 반박될 수 있을 것이다. 그러나 사회변화가 정상적인 대의제 정부의 통로를 통해 평화적으로 실현될 가능성이 적어지고 있는 것이 현실이다(Laski, 1928, p. 29). 사회변화가 평화적인 방식으로 이뤄져야 한다고 믿으면서도 평화적인 방식을 통한 사회변화가 갈수록 불가능해지고 있다는 것이 그 당시의 그의 현실인식이었던 것이다.

(2) 제2기 : 마르크스주의에 접근하고 마르크스주의의 입장에서 자유주의를 포괄하려한 시기 (1930-1940년 이전까지)

1930년대 초에 라스키는 마르크스주의에 접근하지만, 1932년 말까지는 마르크스주의에 대한 그의 이전의 태도가 근본적으로 변했다고 보기는 어렵다. 이와 관련, 라스키의 정치이론의 변화과정에서 1930년 부터 1932년 말까지의 시기는 마르크스주의에 본격적으로 접근한 시기로, 그 이후의 시기는 마르크스주의의 입장에서 자유주의를 포괄하려 한 시기로 볼 수 있다. 그의 이론 발전의 제2기로 부를 수 있는 이 두 시기는 '마르크스주의에의 접근과 계습국가론의 단계' 로도 규정될 수 있다.

가. 1930-1932년

1930년대 초에 이르러 라스키의 정치적 입장에 중대한 변화가 생긴다. 이 변화는 무엇보다도 그 당시의 역사적 상황과 라스키 자신의 경험에서 유래하는 것이었다.

『범전』 출판 이후 라스키는 평화적 변혁에 대해 점점 회의적으로 되어갔다. 이러한 회의감은 무엇보다 1929년 총선을 통해 자유당과 연정한 노동당 정부가 별다른 변화를 만들어내지 못하고 있는 것을 목격하면서 입헌적 수단을 통한 사회주의의 도입이 어렵다고 판단한 것에 의해 더욱 강화되었다. 이와 관련, 1930년 7월 그는 급진적 정치사회학의 개척적인 논문이라 할 수 있는 「여전히 영국의 지배계급인 귀족제」라는 글에서 노동당의 집권이 영국의 과거의 권력질서에 아무런 근본적인 도전이 되지 못하고 있고, 노동당의 보수화로 인해 당이 전전의 자유당 정부와 별반 차이가 없는 당이 되었다는 점 등을 지적한다(Laski, 1930a, p. 673). 이어 1930년 7-9월에 발표된 「입헌정부의 전망」과 1931년 1월에 발표된 「세계적 힘으로서의 공산주의」라는 글에서 사회적 불평등이 의회제 민주주의의 기반을 송두리째 허물어뜨리고 있으며, 노동당과 사회 엘리트들이 개혁의 긴급성을 무시한다면 노동자들이 공산주의로 경도하고 말 것이라고 심각하게 경고하기에 이른다(Laski, 1930b : Laski, 1931b). 그리고 1930년에 출판한 『현대 국가에 있어서의 자유』(Laski, 1930c)[8]는 자유를 위협하는 국가의 권위주의화와 날로 증대하는 불평등에 맞서 어떻게 자유를 지킬 것인가의 문제를 본격적으로 제기하고 있다.

2년간의 노동당의 경험이 의회민주제와 평화적 변혁에 대한 라스키의 전망을 더욱 어둡게 만든 데 이어 1929년 뉴욕 증시의 붕괴 이후 미국과 유럽대륙 전체를 뒤덮은 대공황과 이를 인한 대중의 고통

8 이 책의 1937년판(Penguin)에는 새로운 서장이 포함되고, 1948년판(Allen & Unwinn)에는 다시 수정된 서장이 포함되어 있다. 한국에서 이 책은 1975년 이상두에 의해 『근대국가에 있어서의 자유』(서울 : 범우사)로 역간되었다. 그리고 김학준에 의해 1987년 『라스키 : 현대 국가에 있어서의의 자유』(서울 : 서울대출판부)로 역간되었고, 2007년 『라스키 : 현대 국가에 있어서의 자유』(서울 : 서울대출판부, 2007)의 제목으로 수정증보판이 출판되었다.

의 증대 및 이에 대한 정부의 속수무책 등은 라스키의 견해를 더욱 급진화시키는 계기로 작용했다. 이제 그는 자신을 당 좌파로 소속시키고, 필요하다면 극좌파라도 되겠다는 결심을 토로한다(Laski, 1931c). 1932년에는 이후 당내 좌파조직으로 기능한 사회주의자 연맹(the Socialist League)의 조직에 주도적 역할을 맡기도 한다. 동시에 그는 자신의 분석을 마르크스주의적 분석에 기초지우기 시작하고, 위기문제를 그의 이론적 작업에 본격적으로 도입시키면서 "정책이 선출된 정부에 의해서 만들어지는가, 아니면 외부의 금융적 이해에 의해 만들어지는가? 후자라면, 사회주의가 입헌적 절차에 따라 성취될 수 없고, 볼셰비키가 옳다는 것은 명백하다"고 지적한다(Laski, 1931d, p. 467).

그러나 이 시기에도 그는 평화적 · 입헌적 방식에 따른 변화에 대한 희망을 버리지 않는다. 그러나 그런 변화가 가능하기 위해서는 그것을 가능케 하는 제도개혁이 있어야 한다는 점을 강조한다. 이런 입장에서 그는 행정부로 권력을 집중시키고, 행정부에게 금융투기 등을 근절할 수 있는 비상권을 부여하는 것과 거의 반자유주의적 주장에 가까운 제도개혁을 주장하는 동시에 노동당의 개편과 열정의 회복 등도 강조한다(Laski, 1932).

그의 낙담은 영국에 한정된 것이 아니라 미국을 비롯한 자본주의 사회 전체에 대한 것이기도 했다. 그는 어느 자본주의 국가나 파국으로 나아가고 있고, 모든 곳에서 민주주의가 심대한 위기에 처하고 있다고 절망하면서 입원주의의 원리를 구할 수 있는 극단적 처방이 필요하다고 인식한다. 이런 인식 하에서 그는 1932년 여름과 가을, 그가 이후에 "자신이 쓴 책 중 가장 창조적인 책"이라고 평가한(Martin, 1953, p. 85에서 재인용) 『위기에 처한 민주주의』(Laski, 1933a)를 집필한다. 이 책은 자유민주주의에 대한 그의 존중 및 '설득에 의한 정부'가 '폭력에 의한 정부'보다 우월하다는 그의 입장이 미래에 대한 그의 비관론에 의해 상쇄되고 있는 비장감에 넘치는 저서로 평가될 만하다. 이 책에서 그는 개인적 자유와 의회민주주의가 19세기 영국에서는 존중될 만한 많은 장점을 지녔지만, 이제는 그것을 더 이상 회복되기 어려울 정도로 훼손시키고 있는 특수한 사회적 · 경제적 기초 위에 놓여 있다고 판단한다. 이런 사정은 이태리에서 무솔리니 정권의 등장, 독일에서 폰 파펜의 비상정부 수립, 프랑스의 위기, 미국에서 민주주의의 형애화 등으로 지구상의 어떤 나라에서도 일어나고 있는 보편적인 현상이자 자본주의의 '내적 거점'이 민주정부에 의해 아무런 공격을 받지 않고 건재함으로 말미암아 발생하는 현상이다.

그런데 위기에 처한 민주주의를 구하기 위해선 새로운 균형을 창출할 수 있는 조건들을 만들 필요성이 절실하다. 물론 체제 전체가 근본적인 불안정에 빠져들고 있고, 내전의 가능성이 상존해 있는 조건 속에서 그것을 창출한 어떤 보증도 없다. 이런 상황 속에서 그는 평화적 진보가 가능하기 위해서는 노동당 정부가 긴급한 변화들을 추진할 충분한 권력을 확보하고, 그리고 이 정부가 비상권을 갖고 과감하게 변화를 추진해 나가는 길뿐이라고 결론내린다(Laski, 1933a). 이 책은 입헌민주주의를 구해야 한다는 열망과 그것이 현실적으로 어렵다는 판단 간에서 있었던 라스키의 고민과 내적 갈등을 잘 드러내는 책이다. 동시에 이 책은 입헌주의에 의한 이행 가능성이 적고 '파국적 변화'가 높으며, 위기가 혁명이나 아니면 우익독재로 이끌 가능성이 높다고 전망하고 있는 점에서 장래에 대한 비관이 평화적 변혁에 대한 그의 희망을 압도하고 있는 책이라고도 볼 수 있다.

나. 1933-1940년

1933년부터 라스키는 노동당에서는 물론 여러 좌파단체들의 활동에도 적극 참가하기 시작한다. 그리고 독일에서 1933년 1월 히틀러가 집권하자 파시즘과의 투쟁을 가장 중요한 시대적 과제로 제기하면서 공산당이 제안한 반파시즘 연합전선에 찬성하고, 그가 소속한 사회주의자연맹이 반파시즘 연합전선에 참가시킨다. 그런데 당시 노동당 지도부는 영국의 민주주의가 파시즘을 물리칠 만큼 충분히 강하고 반민주세력인 공산주의와 연대하는 것은 민주주의에 대한 위협을 증대시킨다는 이유를 들어 연합전선 형성에 반대한다. 라스키는 이런 당 지도부의 노선에 강력하게 비판한다. 그가 보기에 당 지도부는 히틀러가 힘을 강화할 때의 독일사민당이 저지른 잘못을 반복하는 것이었다. 이 시기에 그는 공산당에 가입하지는 않았지만 경제위기와 파시즘의 대두 및 자본주의와 파시즘과의 관계에 대한 공산당의 분석을 거의 수용하기에 이른다.

1934년에 쓴 『범전』 제3판 서문에서 그는 파시즘을 "곤경에 처한 자본주의가 자신의 팽창의 시기와 성공적으로 연결되어 있는 민주적 기초를 패배시키기 위해 채용한 방편일 따름" (Laski, 1925b)이라고 정의내린다. 그리고 1934년 10월에 탈고한 『국가론 : 이론과 실제』 (Laski, 1935a)[9]에서 그는 파시즘을 비록 민주적 전통이 강한 나라에서는 상대적으로 그 위협을 물리칠 가능성이 높지만 보편적 현상으로 간주한다. 파시즘의 성장과 발전은 민주주의와 자본주의의 모순이 경제위기의 시기에 증대된 결과이다. 그 이유는 국가란 항상 자신의 특권을 강제되지 않는 한 결코 양보하지 않는 생산수단 소유자들의 이익에 기초해 있고, 이들은 그 특권이 위협받을 경우 민주주의 제도를 버리기 때문이다.

"정치적 민주주의의 유지는 이태리와 독일 및 오스트리아의 사례가 보여주다시피 국가 그 자체의 내재적인 목적이 아니다. 정치적 민주주의는 그것이 자본주의 체제가 요구하는 계급관계의 명시적 필요에 상치되지 않는 한에서만 유지될 수 있는 정부형태이다"(Laski, 1934b, p. 143). 그런데 이런 견해는 파시즘이 자본주의의 위기의 산물이자 '자본주의적 독재'라는 점을 주장하는 것이긴 하지만, 동시에 민주적 자본주의 체제 하에서의 국가 역시 '계급국가'라는 점을 가리키는 것이다. 이런 입장은 『유럽 자유주의의 발달』(Laski, 1936)에서 자유주의를 자본주의의 이데올로기로 파악하고 있고, 1938년에 쓴 『범전』 제4판 서론에서 다원주의를 비판하면서 계급국가론이 현실국가 분석에 적합하나고 지석하고 있는 데에서도 확인된다.

이처럼 파시즘에 대한 분석과 연합전선 형성의 필요성에 대한 인식을 통해 그는 마르크스주의를 수용한다. 그리하여 『국가론 : 이론과 실제』에서 그는 자신을 명시적으로 마르크스주의자로 부르지는 않았지만 정부를 "경제적으로 지배하는 계급의 집행위원회"로 규정함으

9 이 책은 1954년 민병태 교수에 의해 백영사에서 역간됐으며, 민병태 교수가 사망한 후 제자인 김영국 교수에 의해 『국가란 무엇인가』(서울 : 도서출판 두레, 1983)로 다시 역간되었다(김학준, 27쪽 참조).

로써 마르크스주의적 국가관을 받아들인다(Laski, 1935a, pp. 109, 120-1, 135, 158-9). 여기서 더 나아가 그는 같은 시기에 쓴, 페비언협회 창립 15주년을 기념하는 글에서 자신을 마르크스주의자로 규정하면서 페비언주의자들의 미래는 무엇보다 마르크스주의의 교훈을 배우는 지의 여부에 달려 있고, 영국의 노동운동이 마르크스주의를 채택해야 한다고 주장한다(Laski, 1934c). 이와 더불어 그는 '우연적' 진리가 아니라 시대적 상황에 부합하는 '실제적 진리'로서 마르크스주의를 수용한 것 이외의 다른 합리적 대안을 발견할 수 없었다고 단언한다(Laski, 1933b, p. 168). 이 점에서 나치즘의 등장은 그의 정치적 입장의 변화에 결정적인 의미를 지닌 것이었다.

그런데 나치즘의 등장은 라스키에게 전쟁과 평화의 문제를 긴급한 문제로서 인식토록 하는 계기를 제공해 주는 것이기도 했다. 이 문제와 관련, 이전에는 전쟁의 원천을 주권국가 그 자체에서 찾았던 반면, 새로운 전쟁이 발발할 가능성이 높아진 이 시기에 그는 해외로 팽창해 나가는 자본주의가 전쟁을 가져온다는 관점에서 전쟁과 자본주의와의 관계를 중시하며 제국주의에 대한 마르크스주의적 설명을 수용한다(Laski, 1935b ; Lamb, 1999, p. 333 참조). 나아가 이 시기에 그는 '자본주의적 민주주의'에 대해 비관적으로 됨과 더불어 레닌과 무솔리니를 동일시한 이전과는 달리 소비에트 체제의 장점에 더 주목하기 시작한다.

1934년 초 여름 부인과 함께 처음으로 소련을 방문하고 귀국한 후 라스키는 소비에트 체제에 대한 두 개의 글을 발표한다(Laski, 1934d ; Laski, 1934e). 여기서 그는 체제의 경직성과 불관용성 및 교조성 등 소비에트 체제가 가진 여러 부정적인 문제점을 지적하면서도 공장민주주의가 존재하고, 소비에트 계획의 목표가 대중의 물질적-정신적 복지의 증대 등에 있다는 등 긍정적인 측면을 지적한다. 그에 의하면, 러시아는 '희망의 나라'이며, "현재의 희생이 미래의 성취에 의해 정당화될 것이다"(Laski, 1934d). 나아가 그는 "프롤레타리아 독재에 특징적인 비관용과 억압은 공산주의의 불안전성의 징표이다. 이런 것들은 러시아에서 안전에 대한 확신이 생겨날 때 사라질 것이다"(Laski, 1934e)라고 주장한다. 이런 입장은 1937년에 쓴 『현대 국가에 있어서의 자유』 신판 서문에서 그가 소련을 혁명과 내전 및 외국의 간섭이라는 엄중한 배경을 가지고 출현했지만 '새로운 문명의 개척자'로서 거대한 성취를 이룩했으며, 소련이 안전을 확보하면 자유가 다시 부활할 것이라고(Laski, 1937, p. 43) 소련의 장래에 대해 낙관적인 전망을 제시하고 있는 것과 궤를 같이한다.

이처럼 경제공황과 나치즘의 등장과 전쟁의 위협은 당시에 있었던 자신의 저술활동의 자유를 구속하려는 시도들로부터 얻은 자신의 경험들과 더불어 라스키로 하여금 자유민주주의의 장래에 대해 비관론에 빠져들게 만들고, 그 결과 마르크스주의를 수용하도록 만든다. 그러나 이 시기에 그가 마르크스주의를 수용하면서도 폭력혁명을 심정적으로 거부하고 소련의 현실에 대한 비판적 관점을 잃지 않았다는 것은 그가 이 시기에도 자유, 입헌주의, 관용, 평화적 개혁이라는 자유주의적 가치관을 버리지 않고 있었다는 것을, 마르크스주의를 수용했을 때에도 그 당시의 공산주의자들과는 다른 입장에서서 마르크스주의를 수용했다는 것을 가리킨다. 한 토론장에서 "우리 두 사람은 모두 마르크스주의자이다. 당신은 당신대로, 나는 나대로의 방식으로"(Martin Kingsley, 1953, p. 4에서 재인용)라고 말하고 있는 데에서도 잘

드러난다.

나아가 그는 서구 민주주의에 대한 비관론에 빠져 있는 가운데에서도 1933년 미국 대통령으로 취임한 루즈벨트가 뉴딜 정책을 통해 급진적인 개혁을 추진하는 것을 보면서 평화적 · 입헌적 방식에 의한 사회변혁에 대한 일말의 새로운 희망을 발견한다. 그는 루즈벨트를 자본주의 사회에서 진지하고 일관된 자세로 발본적인 개혁을 추구한 최초의 정지지도자라고 평가하는데(Laski, 1933c, p. 1), 그의 이런 주장들 역시 그가 마르크스주의를 수용할 때에도 주요한 자유주의의 가치들을 고수하고 있었음을 가리키는 것이다. 이후 그는 뉴딜을 평화적-입헌적 방식으로 사회의 근본적인 변화를 추구한 '새로운 메시지'로 규정내린다(Laski, 1943a). 그러나 다른 한편, 루즈벨트가 말한 '4개의 자유' (Four Freedom)는 오직 새로운 사회에서만 온전히 구현될 수 있다고 부언한다(Laski, 1942).

마르크스주의를 수용하면서도 자유주의의 가치를 지키려고 했던 라스키의 이론적-사상적 변화과정의 제2기는 라스키의 논의에 가장 많은 내적 긴장과 모순이 나타난 시기이기도 하다(Newman, 1993, p. 178). 그러나 이런 내적 긴장과 모순은 그의 사고에 일관성이 없어서가 생겨난 것이 아니라, 그가 누구보다도 단일의 이론적 관점으로써 포착하기가 어려울 정도로 제반 모순들이 폭발한 시대의 주요 문제들과 진지하게 대결하기 위해 노력함으로써 생겨난 현상이었다. 그는 자신이 획득한 특정한 관점을 시대적 상황과 정세에 상관없이 도그마적으로 견지하는 훈고학자와는 거리가 멀었던 행동하는 이론가 내지 실천적 지식인이었다.

(3) 제3기 : 민주적 사회주의의 입장에서 자유주의와 마르크스주의의 종합을 시도한 시기 (1940년부터 그가 사망한 1950년까지)

1940년대에 들어서서 파시즘이 전쟁에서 패배할 것이라는 확신을 가지면서부터 라스키는 점차 전쟁 이후 민주주의가 뿌리를 내리고 민주주의 체제 하에서 평화적-입헌적 방식을 통해 사회의 발본적인 변화와 사회주의로의 이행이 가능해질 것이라는 희망을 되찾게 된다. 이런 희망은 이후 파시즘의 패배로 전쟁이 종결되고 영국에서 노동당이 압승한 이후 더욱 강화된다. 이에 따라 그의 정치이론 역시 다시 한 번 변화를 겪게 된다. 그 변화는 민주적 사회주의의 입장에서 자유주의와 마르크스주의의 종합을 시도한 것에 의해, 정치적으로는 파시즘은 물론 공산주의와 결부되어 있는 폭력과 억압을 피하면서도 자본주의 체제의 근본적인 변혁을 추구하는 새로운 '제3의 길'을 추구하는 것에 의해 특징지어진다.

1940년대에 들어와 라스키는, 비록 폭력을 혐오했지만, 제2차 세계대전이 '새로운 종합'의 진정한 기회를 제공해 줄 것이라는 믿음을 표시한다. 파시즘은 노동자 대중의 능동적인 참여와 협력에 의해서만 패망할 수 있을 것이다. 그러나 노동자 대중의 그러한 참여와 협력은 그들이 근본적인 사회변혁이 가능하다는 확신을 가질 때에만 확보될 수 있을 뿐이다. 이와 관련, 그는 전쟁을 '동의에 의한 혁명' (Laski, 1940 ; Laski, 1943)을 촉진시킬 결정적 계기로 간주하는 동시에 파시즘에 반대하는 광범위한 동맹을 통해 국제적 수준에서 여러 나라에서 그런

류의 혁명이 이뤄질 수 있을 것이라는 희망을 표시한다.

그런데 자유주의적 가치들의 보존과 자본주의의 근본적인 변혁을 동시에 추구하는 '제3의 길'을 그는 '자유의 계획화'를 통해 최종적으로 "인간에 의한 인간의 착취를 종식시키는"(Laski, 1943, p. 37) '계획적 민주주의'에 기초한 사회로의 길로 정의내린다(이극찬, 1977 ; 김원홍, 2006, 192-212쪽 참조). 이러한 그의 입장이 가장 체계적으로 개진되어 있는 저서이다. 이 책에서 라스키는 미래의 사회가 구성원에게 최대의 자유를 누리게 하려면 무엇보다 생산수단의 사적 소유 폐지 등을 통해 '인간에 의한 인간의 착취'를 폐지하고, 민주적 계획경제 체제를 수립함으로써 "공동사회의 구성원으로 하여금 제각기 자진하여 생산에 참여케 함으로써 자기들이 하는 일을 곧 가치 있는 일이라고 보는 의식을 갖도록"(Laski, Laski, 1952, p. 85) 해야 하며, 또 이를 통해 '적극적 자유'와 자유와 평등의 조화를 실현해야 한다고 주장한다. 그에 의하면, 이윤획득을 원리로 하는 자유시장경제체제도, 독재적 계획경제체제도 그것을 실현시킬 수 없다. 그리고 결국 기득권의 승인으로밖에 귀결될 수밖에 없는, 자본주의적 민주주의를 인정하는 속에서의 '동의에 의한 개량'도, "웹(Webb) 부부가 말한 '정통병'(desease of orthodoxy)을 필연적으로 발생시키고, 비판정신을 말살하는 1당 국가"체제(Laski, 1848)의 수립을 가져올 수밖에 없는 '폭력에 의한 혁명'도 계획적 민주주의에 기초한 사회를 실현시키는 길이 아니다. 이와는 달리 그는 계획적 민주주의에 기초한 사회는 오직 지배계급의 대폭적인 양보를 이끌어냄으로써 근본적인 사회변혁을 만들어내는 '동의에 의한 혁명'을 추동해 나감으로써 수립될 수 있다고 결론내린다.

다른 한편, 라스키는 제2차 세계대전 이후에 비관론에서 최종 벗어나고, 전후에 집권한 영국 노동당이 행한 개혁에 대해 조심스럽게 긍정적인 평가를 내리면서도 노동당이 개혁의 범위를 지나치게 한정시킨 데다가 자본주의적 권력의 '거점' 을 건드리지 않고 있다는 점에서 개혁의 전도에 대해 회의감을 표시한다(Laski, 1948a, pp. 27-8). 나아가 이런 회의감은 전후 질서의 형성에 결정적인 영향을 미친 미국의 행보와 관련하여 더욱 깊어진다. 1948년에 출판한 『미국의 민주주의』(Laski, 1948b)에서 그는 미국에서 자본주의적 지배와 기업 이데올로기가 모든 사회제도에 침투하고 있고, 이전에 미국의 국가건설에 결정적인 역할을 수행한 민주적 윤리가 크게 왜곡되고 있다고 미국의 현실을 비판한다. 그러나 그는 이제 이전과는 달리 소련은 '야만적인 독재체제' 로 규정내리는 동시에 '이론적 수준에서도' 레닌주의는 마르크스주의로부터의 이탈이며, 레닌주의적 공산주의는 더 이상 보편성을 획득할 수 없다고 난언한다(Laski, 1948c). 이와는 달리 강한 민주적 전통을 지닌 나라에서만 사회주의로의 평화적 이행은 물론 자유와 평등의 조화에 기초한 새로운 사회의 수립이 가능하다고 주장하기에 이른다.

민주적 사회주의의 입장에서 자유주의와 마르크스주의의 종합을 추구한 라스키의 이런 주장은 냉전시대에는 반공적 자유주의자들로부터는 위험하기 그지없는 불순한 용공주의자 내지 스탈린주의 옹호자의 주장으로, 정통 마르크스주의자들로부터는 '최악의 우익 사회민주주의자' 의 기회주의적 주장 등으로 비난받게 된다.

2. 결론

지금까지 우리는 라스키의 이론적-사상적 변화과정의 궤적을 초기, 중기, 후기로 나누어 고찰하였다. 이 과정에서 우리는 그가 시기에 따라 자신의 견해를 변경해 갔지만, 그것을 넘어 '사회구성원 모두의 실질적 자유'를 최대한 보장할 수 있는 최선의 정치체제가 무엇이며, 그런 정치체제를 실현시킬 수 있는 최선의 방도가 무엇인가를 구명하는 것을 자신의 근본적인 관심사로 삼았음을, 나아가 자기 생애의 전 기간 동안 자유주의적 가치를 고수하면서도 무엇보다 계급적 불평등의 문제와도 진지하게 대결했음을 확인할 수 있었다. 이로 인해 초기에는 그가 정치적 다원주의로 구현되어야 한다고 본 자유주의의 가치를 길드 사회주의와 페비언 사회주의 이념과 결부시키려고 했고, 중기에는 마르크스주의를 수용하면서도 자유주의적 가치를 지키려고 했음을, 그리고 후기에는 민주적 사회주의의 입장에서 자유주의와 마르크스주의의 종합을 시도했음을 확인할 수 있었다.

그런데 그의 이론과 사상에 특징적으로 드러나는 것은, 대부분의 자유주의자들이 자본주의적 시장경제체제를 자유실현의 경제적 기초로 보고 있는 것과는 달리, 자본주의적 시장경제체제가 결코 자유실현의 경제적 기초가 될 수 없다고 보고 있는 점이다. 이 점에서 그의 자유주의는 통상의 자유주의와는 구분되는 일종의 '이단적' 자유주의의 조류에 속한다. 나아가 그의 다원주의는 권력관계의 민주화를 지향하면서도 기업의 구조적 권력을 중심으로 짜여 있는 자본주의 사회의 불평등한 권력관계를 은폐하는, 로버트 달이 말한 '다원적 민주주의의 딜레마' (Dahl, 1982)를 넘어 무엇보다 다원적 민주주의 체제의 사회경제적 기초를 재구성하고자 하는 '비판적 다원주의' (critical pluralism) (McLennan, 1989, pp. 43-56 참조) 흐름에 속하는 자유주의이다. 그리고 그가 수용하는 마르크스주의는 구소련의 국가 이데올로기로 된 마르크스-레닌주의에 반대하면서 계급문제와 계급문제로 환원 불가능한 사회적 문제들의 접합을 추구하고, 민주주의를 사회주의의 기초로 파악하는 밀리반드(R. Milliband)류의 신마르크스주의와 접목되는 마르크스주의이다(Newman, 2006). 이런 점에 비춰 브래일스포드(Brailsford)의 말대로 라스키는 절반이 '18세기와 프랑스혁명의 개인주의적 합리주의자' 이고, 다른 절반이 '러시아혁명의 당대인' 이었던 인물이었고, 그의 작업은 "현재와 미래의 세계를 만들어내고 있는 두 경향을 종합하려는 시도"로 규정될 수 있을 것이다(H. N. Brailsford, 1932, p. 13). 평화적-입헌적 방식에 의한 사회주의로의 이행과 계획적 민주주의를 추구한 그의 시도는 '자본주의적 민주주의' 를 넘어서는 '탈자본주의적 민주주의' 의 가능성에 대한 (단순한 절충이 아닌) 진지한 시도로서 평가될 수 있을 것이다.

라스키의 이런 시도는 미국적 정치질서의 옹호론으로 기능한 속류 다원주의와 구소련적 사회질서의 옹호론이 된 정통 마르크스주의를 해체시키는 효과를 발휘한다. 그러나 자유주의가 '개인의 자유' 에 초점을 맞추고 있는 반면, 마르크스주의가 ('각인의 자유로운 발전이 만인의 자유로운 발전의 조건이 되는 사회' 를 목표로 하면서도 그런 사회질서 건설의 전제로) '계급해방' 에 초점을 맞추고 있다는 점에서 자유주의와 마르크스주의의 종합에는 여전히 많은 이론적-실천적 난점들이

뒤따르지 않을 수 없다. 실제로 근본적인 입지점을 달리하는 자유주의와 마르크스주의의 종합 자체가 실현 불가능한 기획에 속할지도 모른다. 그러나 그런 종합이 불가능할지라도 사회주의가 '인권'과 같은, 자유주의적 전통에서 나온 가치들을 적극 자신의 것으로 끌어안아야 하는 것과 마찬가지로 자유주의 역시 사회적 불평등의 문제와 같은, 사회주의가 제기해 온 문제들을 적극 자신의 과제로 끌어안아야 할 과제는 여전히 존재한다.

그런데 오늘날 우리는 신자유주의적 세계화의 진척 등으로 사회양극화의 심화와 같은 '자본주의적 민주주의'의 문제점들이 날로 심각하게 드러나고 형식적 민주주의 하에서 국가의 권위주의화 등이 크게 진척되고 있는 것을 목격한다. 그럼에도 '경제적 자유주의'를 절대화하고 '민주주의의 과잉'을 외치는 목소리는 크게 들려와도 신자유주의 세계화의 물결 속에서 자본주의적 민주주의가 만들어내고 있는 심각한 사회문제들을 지적하고, 그 문제들과 적극 대결하는 자유주의자들의 목소리가 거의 들려오지 않는 것이 오늘날의 현실이다. 그런데 이런 사실은 라스키의 이론이 '죽은 이론'이 아니라, 우리가 직면하고 있는 문제들의 해결을 위해서도 '되살려야 하는 이론'임을 입증하는 것이기도 하다. 라스키가 직면했던 문제들은 과거의 문제들이 아니라 오늘날 우리가 직면하고 있는 현재의 문제들이다. 이런 문제들에 진지하게 대결하기 위해서도 우리는 라스키의 이론을 되살려 그 이론으로부터 많은 것을 배우고 문제해결의 영감을 얻어야 할 것이다.

公三 閔丙台 선생의 정치학

초판1쇄 / 2008년 2월 29일

엮은이 **이정복**
펴낸이 **여국동**
펴낸곳 **도서출판 인간사랑**
인 쇄 **백왕인쇄**
제 본 **은정제책사**

출판등록 1983. 1. 26. / 제일 3호

(411- 815) 경기도 고양시 일산구 백석동 1178-1
TEL (031)901-8144, 907-2003
FAX (031)905-5815
e-mail/igsr@yahoo.co.kr / igsr@naver.com

정가 30,000원

ISBN 978-89-7418-241-0 93340